성서의 메아리

성서의 메아리

개정판1쇄 발행 2012년 1월 17일
개정판2쇄 발행 2012년 2월 10일

지 은 이 콘스탄티노스 사까리디스 대신부
옮 긴 이 마은영 마그달리니
펴 낸 이 암브로시오스 대주교
펴 낸 곳 정교회출판사
출판등록 제313-2010-5호

주   소 서울특별시 마포구 아현동 424-1
전   화 02)364-7020
팩   스 02)365-2698
e-mail   editions@orthodox.or.kr

* 잘못된 책은 바꿔드립니다.

정가 9,000원
ISBN 978-89-92941-22-8 03230

ⓒ정교회출판사, 2012

* 이 책에 실린 내용은 무단복제와 무단전재를 할 수 없습니다.

성서의 메아리

콘스탄티노스 사까리디스 대신부 지음
마은영 마그달리니 옮김

정교회출판사

■ 차례

I. 구약성서

1. 밤낮으로 그 법을 되새기는 사람(시편 1:2)   13
2. 당신은 아침기도를 들어주시기에(시편 5:3)   16
3. 생명을 주시는 나의 하느님, 당신이 그리워 목이 탑니다.
   (시편 42:2)   20
4. 주님을 찾아라.(시편 105:4)   23
5. 하느님을 기다리리라.(시편 42:5)   26
6. 부당한 생각이 마음속에 스며들지 않도록 네 자신을
   경계하라.(신명기 15:9)   29
7. 무엇보다도 네 마음을 지켜라.(잠언 4:23)   32
8. 조용히 들으라.(신명기 27:9)   36
9. 인내심을 저버린 자는 화를 입으리라.(집회서 2:14)   39
10. 주께서는 거짓말하는 입술을 미워하시고(잠언 12:22)   42
11. 그러나 당신은 마음속의 진실을 기뻐하시니(시편 51:6)   43
12. 죽기까지 진리를 위해 싸우라.(집회서 4:28)   49

Ⅱ. 신약성서

1) 복음서에서

13. 회개하라. 하늘나라가 다가왔다(마태 4:17)   56

14. 거짓 예언자들을 조심하여라.(마태 7:15)   59

15. 예수 그리스도에 관한 복음의 시작(마르코 1:1)   63

16. 늘 깨어있으라.(마르코 13:37)   66

17. 너희는 성경을 읽어라.(요한 5:39)   70

18. 너희도 서로 발을 씨어 주어야 한다.(요한 13:14)   74

19. 내가 너희에게 본을 보여준 것이다.(요한 13:15)   77

20. 내가 너희를 사랑한 것처럼 너희도 서로 사랑하여라.
    (요한 15:12)   80

21. 내가 명하는 것을 지키면 너희는 나의 벗이 된다
    (요한 15:14)   83

22. 너희가 나를 택한 것이 아니라 내가 너희를 택하여 내세운
    것이다.(요한 15:16)   86

■ 차례

2) 사도경에서

23. 여러분은 이 세상을 본받지 말고 마음을 새롭게 하여 새사람이 되십시오.(로마 12:2)　90
24. 사랑은 모든 것을 덮어주고(고린도전 13:7)　94
25. 사랑은 모든 것을 바라며(고린도전 13:7)　97
26. 화나는 일이 있더라도 죄를 짓지 마십시오.(에페소 4:26)　100
27. 그것들을 모두 쓰레기로 여기고 있습니다. 그것을 내가 그리스도를 얻고(필립비 3:8)　104
28. 주님과 함께 항상 기뻐하십시오.(필립비 4:4)　107
29. 무슨 일이나…… 주님을 섬기듯이 정성껏 하십시오.(골로사이 3:23)　111
30. 하느님을 기쁘게 해드릴 수 있는 생활을 하도록(데살로니카전 2:12)　115
31. 서로를 격려하고 도와주십시오.(데살로니카전 5:11)　118
32. 늘 기도하십시오.(데살로니카전 5:17)　121
33. 자신의 결백을 지키십시오.(디모테오전 5:22)　124
34. 하느님의 일꾼인 그대는 이런 것들을 멀리하고

(디모테오전 6:11)　128

35. 믿음의 싸움을 잘 싸워서(디모테오전 6:12)　131

36. 마음이 깨끗해져서 꾸밈없이 형제를 사랑할 수 있게 되었으니, 충심으로 열렬히 서로 사랑하십시오.(베드로전 1:22)　134

37. 젊은이들이여, 여러분은 강하고, 하느님 말씀을 지니고 살며, 악마를 이겨냈기 때문에 나는 이 편지를 씁니다.
(요한Ⅰ서 2:14)　137

38. 나의 사랑하는 자녀 여러분, 우상을 멀리 하십시오.
(요한Ⅰ서 5:21)　141

Ⅲ. 축일에 대한 주제

1) 성탄절

39. 주는 당신 백성을 구해내시고(시편 111:9)　148

40. 처녀가 잉태하여 아들을 낳고(이사야 7:14)　152

41. 그 이름을 엠마누엘이라 하리라. 엠마누엘은 하느님께서 우리

■ 차례

　　와 함께 계시다는 뜻이다.(마태오 2:15)　155

　42. 어서 베들레헴으로 가서(루가 2:15)　158

2) 새해

　43. 내가 너희에게 새마음을 넣어주며 새기운을 불어넣어 주리라.(에제케엘 36:26)　162

　44. 마음과 생각이 새롭게 되어(에페소 4:23)　165

　45. 이 시대는 악합니다. 그러니 여러분에게 주어진 기회를 잘 살리십시오.(에페소 4:23)　168

3) 부활절

　46. 하느님께서 일어나시면(시편 68:1)　174

　47. 예수께서 다시 살아나셨고 여기에는 계시지 않다.
　　(마르코 16:6)　177

　48. 무슨 일 때문에 너희는 그렇게 침통한 표정을 짓고 있느냐?(루가 24:17)　181

　49. 너희에게 평화가 있기를(요한 20:21)　184

50. 내가 바라는 것은 그리스도를 알고 그리스도의 부활의 능력을 깨닫고(필립비 3:10) 187
51. 예수 그리스도를 기억하십시오. 그분은 다윗의 후손이며, 죽은자들 가운데서 다시 살아나신 분입니다.
(디모테오 후 2:8) 190

I. 구약성서

"밤낮으로 그 법을 되새기는 사람"

다윗왕의 마음은 기쁨으로 가득 차 있습니다. 왜냐하면 그는 주님의 율법을 기쁨과 즐거움으로 삼고 있기 때문입니다. 그는 거룩한 열망으로 율법에 꼭 밀착된 사람이었습니다. 그의 생각은 언제나 하느님의 율법 쪽을 향해 있었고 그는 율법만을 밤낮으로 연구했습니다.

이처럼 우리 정교인들은 누구나 주님의 율법을 '밤낮으로' 연구해야 합니다. 그래야만 '냇가에 심어진 나무'처럼 될 수 있기 때문입니다.(시편 1:3)

정교회의 거룩한 교부들은 그들의 행동뿐만 아니라 말씀을 통해서도 우리에게 매일 성경을 읽고 연구하라고 권장합니다. 대 아타나시오스 성인은 덕을 행사하는 데에는 성경 연구가 필수적인 것이라고 생각했습니다 : "성경을 읽지 않으면 우리는 덕을 얻을 수도 없고 악으로부터 멀어질 수도 없습니다." 또한 신학자 시메온 성인도 "성경 말씀은 우리 영혼을 강하게 하고 마귀를 쫓는다"고 강조하였습니다. 이시도로스 성인은 매일 성경을 읽는 것이 우리를 유혹으로부터 보호해주는 영적인 갑옷이 된다는 의미로 "성경을 갑옷으로 입으십시오. 하느님의 말씀을 매일 읽으면 죄악의 공격에도 상처를 입지 않을 것입니다."라고 말씀하셨습니다. 성요한 크리소스톰은 성경을 영적인 초원, 진정한 낙원에 비유했습니다 : "성경은 영적인 초원이며, 과실이 주렁주렁 매달린 나무가 가득 찬, 아름답기 그지없는 정원이다. 이것은 하느님께서 첫 피조물들을 위해 만드셨던 그 낙원보다 월등히 좋은 진정한 낙원인 것이다."

그러나 우리가 이 낙원에 들어가고, 또 성경을 연구함으로써 유익함을 얻기 위해서는 다음과 같은 조건들이 요구됩니다 :

1) 교부들은 성경을 읽는 가장 좋은 방법은 우리가 무릎을 꿇고 읽는 것이라고 말합니다. 다시 말해서 성경을 비평적인 자세로 읽는 것이 아니라 배우고 기도하는 태도로 읽어야 한다는 것입니다. 이시도로스 성인은 먼저 기도를 드리고 회개하여 영적으로 준비한 후에 성경의 의미를 추적해야 한다고 말합니다. 즉 성경을 연구하기 이전, 연구하는 동안, 그리고 그 이후에 기도가 필요한 것입니다. 성경공부를 시작하기 전에 우리는 성찬예배식에서 사도경 봉독이나 복음서 봉독 전에 드리는 기도인 "자애로우신 주님이시여, 하느님을 아는 불멸의 광채가 우리 마음에 빛나게 하시며……"를 드려야 합니다.

2) 투쟁적인 자세로 읽어야 합니다. 우리는 성경을 읽으면서 어려운 구절을 만나면 결코 실망하지 말아야 하며, 뜻을 이해할 수 없는 구절이나 인상적인 구절들은 나중에 다시 볼 수 있도록 밑줄을 그어놓는 것이 좋습니다.

3) 한없는 인내와 끈기로 읽어야 합니다. 신학자 시메온 성인은

자신의 개인적인 경험으로부터 다음과 같은 말을 했습니다 : "우리가 눈물을 흘리고 두려워하고 한없는 인내와 끈기를 가질 때에만, 짧은 말씀 안에 숨어 있는 큰 신비를 알게 되는 것처럼 주님의 말씀 한 마디 속에 숨어있는 의미가 우리에게 밝혀진다."

 이런 방법으로 성경을 연구하는 사람은 지팡이로 바위를 쳐서 사막에서 풍성하게 물이 나오게 한 모세와 같은 자이며, 쇳조각으로 돌멩이를 비벼 불꽃을 일으키는 자이며, 절구 속에 온갖 향기로운 풀을 넣고 찧음으로써 향내가 사방에 진동케 만드는 자인 것입니다.

 4) 성경을 읽고 난 후에 우리는 다음과 같은 네 가지 질문을 던질 수 있습니다.

 (a) 하느님에 관해 우리가 읽은 말씀은 우리와 우리 이웃에게 무엇을 가르치고 있는가?
 (b) 성경구절을 읽은 후에 우리는 왜 하느님께 감사드려야 하는가?
 (c) 우리는 왜 하느님께 간청을 드려야만 하는가?
 (d) 성경을 읽은 후 우리가 오늘 구체적으로 무슨 일을 하라고 주님은 요구하시는가?

"당신은 아침기도를 들어주시기에"
(시편 5:3)

　형제 여러분, 여러분은 자신의 기도에 생기를 불어넣고 싶으십니까? 여러분이 개별적으로 드리는 기도가 여러분의 인생에 활력과 기쁨의 근원이 되기를 원하십니까? 오늘 아침부터 마음을 단단히 먹고 새 출발을 하십시오. 게으름을 이기고 성호를 그으십시오. 아침에 잠자리에서 일어나자마자 열정과 믿음으로 "성부와 성자와 성령의 이름으로 아멘."이라고 말하십시오. 아침기도로 말미암아 여러분의 마음속에는 첫 불길이 타오르기 시작할 것입니다.

　예언자 다윗은 경험을 통해 아침기도에 크나큰 가치가 있다는 것을 알고 있었습니다. 주님 앞에서 드리는 아침기도가 좋은 결과를 가져오리라고 그는 확신하고 있었던 것입니다. 언젠가는 하느님께서 반드시 자기의 얼굴 위에 눈길을 주시리라고 그는 믿었습니다. 그런 이유로 "당신은 아침기도를 들어주시기에 이른 아침부터 제물 차려놓고 당신의 처분만을 기다리고 있사옵니다."(시편 5:3)라고 다윗은 말하는 것입니다. 다윗은 하느님께서 자기와 함께 계심을 마음속으로 느끼고 있었습니다. 달콤한 아침잠도 그의 영혼을 묶어놓지 못했고 그의 열성을 억누르지 못했습니다. 그래서 그는 매일 아침 하느님 아버지와의 친교를 애타게 갈구했던 것입니다.

그러므로 우리도 아침에 출발함에 주의를 기울입시다. 그리고 아침마다 기도를 드립시다. 하느님의 영광을 위해 많은 일들을 한 사람은 항상 아침에 무릎을 꿇고 기도를 드렸던 것입니다. 만일 우리가 아침에 제일 먼저 하느님에 대해 생각하지 않는다면, 우리는 하루 종일 하느님을 잊고 살 것입니다. 물론 아침에 일찍 깨어나는 것만으로 우리 인간들이 아침기도를 성공적으로 수행할 수 있게 되는 것은 아니며, 우리에게는 또한 하느님을 갈망하는 마음이 가득 차 있어야만 합니다. 그러나 아침에 잠자리를 박차고 일어나야만 하느님을 애타게 그리워하는 마음이 더욱 커지는 것입니다. 만약 과거에 참된 기도를 드렸던 사람들이 그냥 침대에 누워 있었더라면 하느님에 대한 그들의 애타는 갈망은 꺼져버렸을 것입니다.

그러므로 아침에 깨어나는 것과 기도를 드리는 것만으로는 충분치 않고 하느님을 진정으로 그리워하고 갈망하는 것이 또한 요구됩니다. 우리 기도에 생기가 나도록 하기 위해서는 바로 이것이 하느님을 애타게 갈망하는 마음이 필요하다고 성 요한 크리소스톰은 '기도에 관하여' 라는 그의 강론에서 강조하고 있습니다 : "내가 기도에 대해 말할 때에는 그것이 말이라고 생각해서는 안 됩니다. 그것은 하느님에 대한 갈망이며 인간에게서 나온 것이 아니라 하느님의 은총의 작용에서 나온, 말로 다 표현할 수 없는 사랑인 것입니다. 바로 그 사랑에 대해서 사도 바울로께서는 이렇게 말씀하셨던 것입니다 : '성령께서도 연약한 우리를 도와주십니다. 어떻게 기도해야 할지도 모르는 우리를 대신해서 말로 다할 수 없을 만큼 깊이 탄식하시며 하느님께 간구해주십니다.' (로마서 8:26) 만약에 주님께서 어떤 사람에게 그런 기도를 허락해주신다면 그것은 남에게 뺏길 염려 없는 재산이며, 영혼을 살찌우는 천상의 양식인 것입니다. 그리고 이 양식을 맛본 자는 주님에 대한 영원한 갈망을 얻게 되며 그의 가슴 속에는 꺼지지 않는 불이 타오를 것입니다."

온 마음을 다해 그 누구를 사랑한다는 것이 어떤 의미를 갖는지 우리는 모두 잘 알고 있습니다. 사랑하는 사람을 직접 만나는 것뿐만 아니라 그를 생각하는 것만으로도 얼마나 기쁘며 얼마나 마음에 위안이 되는지 우리는 잘 압니다. 우리는 바로 이렇게 우리 마음을 다 바쳐 하느님을 사랑하도록 노력해야 하는 것입니다. 그렇게 되면 그분의 거룩한 이름을 언급만 해도 우리의 영혼은 기쁨과 행복에 넘칠 것입니다. 우리는 하느님을 때때로 생각하고 있습니다만 원칙적으로는 언제나 그분을 생각하고 있어야 합니다. 하느님과 관계없는 것은 무엇이나 우리 마음속에서 제거해버릴 때에만 우리는 하느님을 열렬하게 사랑할 수 있게 됩니다. 강렬한 의지로써 우리는 언제나 꾸준히 우리 자신이 하느님을 향해 나아가도록 노력해야 합니다.

따라서 진정한 기도를 드리기 위해서는 하느님에 대한 뜨겁고, 크고, 이루 말할 수 없는 개인적인 사랑이 있어야 합니다. 우리 영혼을 하느님과 결합시키는 내적인 자기부정도 요구됩니다. 이기적인 사람은 항상 자기 자신과 자기 마음에 드는 일만 생각합니다. 이 모든 것을 버리기 위해서는 결심이 필요합니다. 자기 영혼에서 이 모든 것들을 멀리 쫓아버리고, 하느님에게만 관심을 돌리고, 기도하는 시간은 헛된 시간이 아니라 오히려 인생에 활력을 불어넣어주는 시간이라는 것을 믿어야 합니다. 기도하는 시간은 우리 영혼이 하느님의 현존과 은총 아래에 있는 시간이기 때문입니다.

하느님을 사모한 한 사람은 이렇게 썼습니다 : "주님이시여, 내가 내 자신을 부정하고 매일 오랜 시간 동안 기도하며 당신을 예배하는 데 전념할 수 있도록 해주소서!"

"생명을 주시는 나의 하느님, 당신이 그리워 목이 탑니다."
(시편 42:2)

예언자 다윗왕은 두 가지 강렬한 영적 욕구에 휩싸여 있습니다. 그는 하느님에 대해 견딜 수 없는 무한한 목마름을 느끼고 있습니다 : "생명을 주시는 나의 하느님, 당신이 그리워 목이 탑니다." 그러나 이와 동시에 억누를 수 없는 열망이 또한 그를 불태우고 있습니다. 사슴이 솟아나는 샘물을 찾아 뛰어가듯이, 내 영혼 또한 하느님 당신을 미친 듯이 갈망하고 있으며 당신과 친교를 맺고 당신의 위로를 맛보려고 애타게 구하고 있습니다.

다윗왕이 사용하는 두 개의 동사, '찾습니다'와 '목이 탑니다'는 그가 영적으로 하느님과 친교를 맺고자 추구하고 있음을 표현하고 있습니다.

다윗왕은 자신의 이러한 내적 추구를 올바른 방향으로 이끌어 나아갔습니다. 그래서 자기가 갈망하던 것을, 즉 하느님을 만나고 하느님과 친교를 맺는 데 성공했습니다. 그러나 다윗왕뿐만 아니라 성 아우구스티노스와 파스칼과 그 외 수많은 사람들이 생명을 주시는 하느님을 찾았던 것입니다.

이처럼 하느님이 그리워 목이 타는 현상 앞에서 "과연 인간의 이런 내적 갈망은 어디에 근거를 두고 있는 것일까?"라는 의문이 제기됩니다.

1) 구약 창세기 3장을 보면 첫 피조물들의 영혼 속에서도 이 현상이 있었음을 알 수 있습니다. 그들은 하느님의 명령을 거역함으로써 하느님과의 친교의 열매를 잃게 되자 하느님에 대한 크나큰 필요성과 견딜 수 없는 목마름을 느낍니다. 이 신성한 목마름이 자손들에게 전해진 것입니다.

2) 심리학적인 연구 결과에서도 또한 우리 인간에게는 하느님에 대한 애타는 목마름이 있다는 것이 밝혀졌습니다. 즉 우리 모든 인간들에게는 태어날 때부터 이 영적인 목마름이 뿌리박혀 있다는 것입니다. 배운 사람이나 배우지 못한 사람이나, 백인이나 흑인이나, 황인종이나 홍인종이나 인간이라면 누구나 진정한 하느님을 애타게 그리워하는 것입니다. 그리고 인간들에게 이 목마름을 부어넣으신 분은 바로 하느님이시며 하느님만이 우리의 이 목마름을 충족시킬 수 있습니다. 이러한 진리를 위대한 성 아우구스티노스가 표현하고 있습니다 : "오, 주님이시여, 피조물 중에 지극히 작은 자인 인간이 당신께 영광을 돌리고자 합니다. 그리고 당신께서는 당신 자신을 위해 우리를 창조하셨기에 우리 안에 당신을 찬양하고자 하는 욕망을 늘 일깨워주고 계시며, 우리는 당신의 품안에서 안식을 누리게 될 날까지 투쟁을 하는 것입니다."

그러나 오늘날 우리 인간들은 어디서 그리고 어떻게 이 욕구를 충족시키고 있습니까? 만약 주위를 자세히 살펴보면 슬픈 사실들만을 발견할 것입니다. 많은 사람들이 오염되고 탁한 샘물로, 흙탕물이 가득 찬 구덩이로 갈증을 풀기 위해 달려가고 있습니다. 그들은 하느님과 아무런 관계도 없는 여러 가지 것들에서, 즉 출세, 여행, 향락, 육체적 즐거움에서 갈증을 해소하려 합니다. 그러나 결과는 공허함, 부족감, 스트레스, 불안, 외로움뿐입니다.

얼마나 불쌍한 일입니까! 하느님께서는 이미 예언자의 입을 통해서 그런 사람들에 대해 말씀하셨습니다 : "생수가 솟는 샘인 나를 버리고 갈라져 새기만 하여 물이 괴지 않는 웅덩이를 팠다."(예레미야 2:13)

그러나 우리 시대에도 많은 사람들이 하느님을 찾고 있고 또 '생명을 주시는 하느님'을 애타게 갈망하고 있습니다. 러시아와 세상 방방곡곡에서 수백만의 청년들이 하느님을 찾고 있습니다. 성전은 신도들로 가득 찹니다. 러시아 사제 D. DUDKO의 저서 《우리의 소망》은 계시적인 작품입니다.

주 예수 그리스도시여, 당신의 자애롭고 우리를 구원하시려는 초대인, "목마른 자는 누구나 나에게 가까이 와서 물을 마시거라."를 우리 모두가 온 마음을 바쳐 받아들이도록 하소서. 우리도 다윗왕처럼 "암사슴이 시냇물을 찾듯이, 하느님, 이 몸은 애타게 당신을 찾습니다. 하느님, 생명을 주시는 나의 하느님, 당신이 그리워 목이 탑니다."(시편 42:1-2)라고 말할 수 있게 하소서.

그때서야 우리 몸과 마음과 영혼이 하느님의 은총이 주시는 셀 수 없이 많은, 가치를 측량할 수 없는 선물들로 가득찰 것입니다. 그리고 우리의 존재가 성령의 은혜로 충만해질 것입니다.

"주님을 찾아라."

특별하시고 유일하신 분은 주님뿐입니다. 바로 이분을 찾으라고 시편의 작가는 우리에게 간곡하게 권하고 있습니다 : "여러분들은 항상 그분을 찾으십시오."

예언자 다윗왕은 시편의 여러 구절에서 하느님을 찾습니다. 그는 끊임없이 하느님을 애타게 찾는 사람이었던 것입니다. 하느님을 향한 그의 영혼은 자기를 창조하신 분을, 우상들처럼 죽은 분이 아니라 강하시고 살아계시고 인간에게 생명을 주시는 근원이신 하느님을, 진정으로 그리워했던 것입니다.

그리스도교인이자 철학자인 파스칼은 이렇게 말했습니다 : "인간에는 세 종류가 있다. 1) 하느님을 찾아 나섰다가 그분을 발견하고 그분께 자신을 모두 내맡기는 사람들. 2) 아직 하느님을 발견하지는 못했지만 열심히 찾고 있는 사람들. 3) 하느님을 발견하지도 못했고 찾으려 하지도 않는 사람들. 첫 번째 사람들은 복 있는 자들이고 우리가 부러워할 만한 자들이다. 두 번째 사람들은 그들이 언제나 변함없는 열성으로 하느님을 찾고 있는 한 칭찬받을 만한 사람들이다. 세 번째 사람들은 불행한 자들이다." 파스칼의 이러한 견해는 본질적이고도 범세계적인 진리, 다시 말해서 우리 모두를 포함한 정상적인 인간들은 누구나 자신이 원하던 원하지 않던 간에 하느님을 발견하려는 내적 욕구가 있다는 진리를 표현하고 있습니다.

그렇다면 여기에서 한 가지 의문이 생겨납니다 : 이 현상은 어디에 그 근거를 두고 있을까요? 구약 창세기 첫 부분을 보면 아담과 하와가 타락하는 사건이 기록되어 있습니다. 그들은 하느님의 말씀을 거역함으로써 하느님으로부터 멀어졌습니다. 그러나 그들 마음속에는 불꽃 하나가, 그들의 창조주에 대한 신성한 목마름이 남아 있었습니다. 이 초자연적인 목마름이 그들의 자손들에게도 전해졌습니다. 카인과 아벨은 제사를 드립니다. 그들은 하느님을, 자신들을 창조하신 창조주를 찾았던 것입니다. 그러나 이것 이외에도 심리학의 연구결과 또한 이 진리를 확인해주고 있습니다.

그런데 오늘날 인간들은 이 욕구를 어디서, 어떻게 만족시키려 하고 있습니까? 우리의 대답은 슬픈 것들뿐입니다. 왜냐하면 많은 사람들이 참된 하느님과는 아무런 관계가 없는 여러 가지 것들에서, 돈, 섹스, 출세, 여행, 향락 등에서 만족을 얻으려 하기 때문입니다. 그러나 그 결과는 공허감, 스트레스, 불안, 외로움, 자살뿐입니다.

형제 여러분! 하느님 이외에는 그 무엇도 우리의 갈증을 풀어줄 수 없습니다. 이 세상의 '기쁨'은 우리를 쓸쓸하게 만듭니다. 온갖 안락을 제공해주는 문명도 우리를 지치게 만들었습니다. 철학은 우리의 고민을 더욱 심각하게 만듭니다. 지구의 인구는 계속 늘어나고 있습니다. 그럼에도 불구하고 지구는 점점 쓸쓸해지고 있습니다. 서로 부딪칠 정도로 사람들은 많아졌지만 그 어느 때보다 사람들은 '이웃'의 존재를 무시하고 있습니다. 인간의 마음은 단단히 잠겨있고, 이기주의에 가득 차 있고, 꽁꽁 얼어있습니다. 인간들은 오직 자신들의 호기심을 충족시키고 불법적인 욕망을 만족시키기 위해서만 마음의 문을 엽니다. 바깥도 황량하고 안도 황량합니다. 하느님의 존재가 인간들에 의해 무시되었기 때문에 이 세상은 텅 빈 곳이 되었습니다. 또한 하느님에게 우리를 인도하는 오솔길들이 망각과 무지와 게으름의 모래로 덮여버렸기 때문에 이 세상은 걸을 수 없는 곳이 되었습니다.

주여, 세속적이고 육적인 생각을 나에게서 깨끗이 제거해주소서. 죄와 관계되는 것은 무엇이나 없애주셔서 내 영혼이 당신만을 애타게 그리워하게 하소서!

"하느님을 기다리리라."
(시편 42:5)

고향으로 돌아가지 못하고 망명생활을 해야 하는 운명에 처한 시편의 저자는 슬퍼하고 있습니다. 그가 갈망하는 것은 오로지 예루살렘에 있는 하느님의 성전에 다시 들어가는 것입니다. 그는 자신의 이러한 열망을 시원한 물을 마시러 달려가는 목마른 암사슴에 비유하고 있습니다. 그러나 서러운 망명생활을 벗어나서 "무리들 앞장서서 성전으로 들어가던 일"(시편 42:4)을 할 수 없기 때문에 그는 슬퍼하며 괴로워합니다. 그의 눈물은 일상적인 일과가 되어 밤낮으로 흘러넘칩니다.

그런데 갑자기 어둡고 우울한 그의 영혼에 서광이 비칩니다. 그건 소망이었습니다. 그래서 그는 자신을 위로하기 위해 이렇게 말합니다 : "하느님을 기다리리라. 나를 구해 주신 분, 나의 하느님, 나는 그를 찬양하리라." 이는 언젠가는 곧 하느님을 감사하는 마음으로 찬양하는 날이 올 것이기에 하느님을 기다리겠다는 의미를 나타냅니다. 하느님은 우리를 구하시는 분이시며 우리가 경배를 드리는 유일한 분이시기 때문입니다.

그러나 소망이란 무엇입니까? 그건 우리의 꿈과 소원이 성취될 날을 기다리는 것입니다. 또한 소망은 하느님이 우리에게 하신 약속이 이루어질 것을 믿고 기다리는 즐거운 감정인 것입니다. 따라서 소망은 믿음의 결과요 열매입니다. 하느님과 하느님의 약속을 굳게 믿는 자는 큰 소망을 갖고 있는 것입니다.

믿음의 아버지이신 우리의 조상 아브라함을 생각해보도록 합시다. 하느님께서는 아브라함에게 많은 자손을 허락하시겠다고 약속하셨습니다. 그리고 그 성스러운 사람 아브라함은 하느님의 약속을 믿고 기다렸습니다. 그렇지만 그 약속은 이루어지지 않은 채 세월은 흘러갔습니다. 그러나 아브라함은 믿음을 버리지 않았습니다. 드디어 그의 소망은 현실이 되어 나타나서 그는 많은 민족의 조상이 되었습니다. 참된 소망이란, 비록 가끔은 하느님의 축복이 지연되고 있다고 느껴지더라도 언젠가는 반드시 하느님께서 우리에게 축복을 내려주실 거라는 사실을 전적으로 믿고 기다리는 것입니다.

믿음에서 우러나는 소망은 사람에게 안정감을 줍니다. 사람은 이 세상에 혼자가 아니기 때문입니다. 그는 하느님과 함께 있고 하느님에 의해 보호를 받고 있는 것입니다.

예언자 다윗은 외칩니다 : "주여, 당신께 피신합니다. 다시는 욕보는 일 없게 하소서. 당신의 정의로 나를 보호하시고 구해주소서 …… 주여, 바라느니 당신뿐이요 어려서부터 믿느니 주 당신입니다."(시편 71:1-5) 또한 다윗은 확신에 가득 차 노래합니다 : "악인들에게는 고통도 많겠으나 주를 믿는 자는 한결같은 사랑

속에 싸이리라. 의인들아, 기뻐하여라. 주께 감사하며 즐거워하여라. 마음이 바른 사람들아, 기뻐 뛰어라."(시편 32:10-11)

　인생이라는 기나긴 여행을 하는 동안 우리는 수많은 풍랑과 어려움을 만납니다. 개인적인, 가정적인, 민족적인 문제가 우리를 괴롭힙니다. 허약함, 질병, 결점, 수난 등이 우리를 슬프게 합니다. 그러면 악마가 다가와서 투쟁은 헛된 것이고 구원은 불가능하다는 생각을 우리가 품도록 만들려고 합니다. 그러나 우리는 결코 절망에 자신을 맡겨서는 안 됩니다. 겸손하고 믿음을 갖고 주님께 피신하면서 다윗처럼 이렇게 말하도록 합시다 : "어찌하여 내가 이토록 낙심하는가? 어찌하여 이토록 불안해하는가? 하느님을 기다리리라."(시편 42:5) 신학자 그레고리오스 성인처럼 우리도 하느님의 사랑과 약속에 믿음으로 의지하며 외칩시다. "우리는 모진 풍랑을 만났습니다. …… 그런데 누가 폭풍우를 산들바람으로 바꾸었고 누가 적의 무기를 꺾고 전쟁을 중단시켰을까요? 우리 하느님, 강하시고 전능하신 하느님 당신께서 그렇게 하신 것입니다." 왜냐하면 하느님 그분께서는 '피신해 오는 자에게 방패가 되어주시는 분' 이시기 때문입니다.(시편 18:30)

"부당한 생각이 마음속에 스며들지 않도록 네 자신을 경계하라."
(신명기 15:9)

하느님의 음성이 모세의 입을 통해 힘차게 들려옵니다. 신명기에서 하느님은 자신의 백성들에게 "네 자신을 경계하라"고 충고하시며 명령적인 어조로 말씀하십니다. 다시 말해서 우리가 머릿속으로나 마음속으로 혹시라도 교활한 생각을 품지 않았는지 자신을 진단해보라는 것입니다.

하느님의 이러한 명령의 말씀은 단지 구약의 이스라엘 백성에게만 중대한 의미를 띄는 것이 아니라 신약시대에 살고 있는 우리에게도 역시 중요한 말씀입니다. 왜냐하면 요즘 시대 사람들도 다른 사람들의 문제에 관심을 갖고 비판을 하는 경향이 몹시 강하기 때문입니다. 우리는 흔히 자신의 잘못이나 약점에 신경을 쓰기보다는 남의 잘못이나 약점을 지적하면서 재미있어 합니다. 그렇기 때문에 하느님께서는 "네 자신을 경계하라"고 명령하시는 것입니다. 그러므로 우리는 자기 자신을 경계하는 데 신경을 써야 하며 남의 일에 간섭하지 않도록 하여야겠습니다. 다른 사람의 잘못된 점을 관찰하지 말고 자기 자신을 관찰합시다. 다시 말해서 우리의 눈을 자신에게로 돌려 자신을 연구하고 판단하여야 합니다. 왜냐하면 주님께서 말씀하셨듯이 많은 사람들이 다른 사람의 눈 속에 있는 티는 보면서도 제 눈 속에 들어있는 돌은 보지 못하기 때문입니다. 그러므로 자신과 자신의 내부에 살며시 스며드는 생각들을 쉬지 않고 검토해야 합니다. '네 자신을 경계하라' 라는 강론에서 대 바실리오스 성인은 다른 사람에게 관심을 두지 말고 기회가 있을 때마다 다음과 같은 질문을 스스로에게 던지라고 강조합니다 : 1) 혹시 내가 생각이나 행동으로 죄를 짓지 않았는가? 2) 혹시 나의 혀가 생각을 앞질러 입으로부터 온당치 못한 말이 튀어나가지 않았는가? 3) 혹시 내가 부당하고 불법적인 행위를 하지 않았는가? 그러므로 우리는 '자신을 경계해야' 합니다. 다시 말해서 우리 주위 것들에 대해서가 아니라 자기 자신만을 우리는 주의해야 합니다. 우리는 창조자의 모습에 따라 만들어졌으므로 영혼과 생각을 가진 존재입니다. 따라서 우리의 육체와 감각은 우리 소유의 것입니다. 그러므로 우리는 자신을 보호하기 위해 영혼의 눈을 항상 뜨고 있어야 합니다. 우리의 적은 사방에 눈에 보이지 않는 함정을 파놓았습니다. 노루가 덫에서 벗어나듯 또 새들이 사냥꾼에게서 벗어나듯 우리는 이런 함정에서 벗어나기 위해 매사를 주의해야 합니다. 노루는 눈이 좋아서 덫에 걸리지 않습니다. 새들 또한 날개가 가볍기 때문에, 조심을 하는 한 높이 날아감으로써 위험에서 벗어납니다. 그러므로 우리도 우리 자신을 보존하는 데 있어서 이러한 비이성적인 짐승들보다 못한 존재가 되지 않도록 노력해야겠습니다.

안디오호스 수도사는 이렇게 쓰고 있습니다 : "항상 자신을 경계하는 사람은 위대한 사람이다. …… 왜냐하면 자신에게 이로운 것과 이롭지 않은 것을 정확히 따지는 것이 필요하기 때문이다." 그리고 계속해서 그는 인간에게 영향을 끼치는 두 천사 정의의 천사와 교활한 영에 대해 언급하면서 '교활한 천사를 거부하고 정의의 천사를 따르라'고 우리에게 권유합니다.

형제 여러분, 우리는 언제나 선한 천사를 따르면서 우리 자신을 경계합시다. 경계의 미덕은 우리의 영혼을 죄로부터 막아주는 튼튼한 성벽과도 같습니다.

"무엇보다도 네 마음을 지켜라."
(잠언 4:23)

 성령을 받은 잠언의 저자는 "무엇보다도 네 마음을 지켜라"라는 말씀으로 우리에게 경종을 울립니다. 그는 우리에게 정신을 맑게 하고 항상 깨어 있으라고 부탁합니다. 또 우리 마음을 경계하고 철저하게 감독하라고 권고합니다.

 우리 마음은 소음을 내지 않는 조용한 하나의 '핵' 공장입니다. 그러나 이 마음의 공장이 하는 일은 큰 의미가 있는 것입니다. 이 공장에서 생산되는 제품은 측량할 수 없는 큰 힘을 갖고 있습니다. 마음이 하는 작용은 놀라워서 사악하고 파괴적일 수도 있고 신성하고 구원적일 수도 있습니다.

 우리 주님이신 예수 그리스도께서는 이렇게 강조하셨습니다. "그런데 입에서 나오는 것은 마음에서 나오는 것인데 바로 그것이 사람을 더럽힌다. 마음에서 나오는 것은 살인, 간음, 음란, 도둑질, 거짓 증언, 모독과 같은 여러 가지 악한 생각들이다. 이런 것들이 사람을 더럽히는 것이다."(마태오 15:18-20)

 형제 여러분, 우리는 마음을 항상 맑게 해야 합니다. 마음과 정신을 맑게 한다는 것은 정교회의 용어로서, 마음과 정신을 감독하는 것을, 다시 말해서 우리 마음과 우리 생각을 하나하나 매순간마다 관리하는 것을 의미합니다.

사도 바울로께서는 디모테오에게 "그대는 언제나 정신을 차리고"(Ⅱ디모테오 4:5)라고 말씀하셨습니다. 무슨 일을 하든지 언제나 정신을 똑바로 차리고 깨어있으라는 의미로 이렇게 편지를 쓰신 것입니다. 이렇게 생각을 가다듬고 마음을 깨끗하게 하는 깨어있는 삶이 우리를 성령에 충만한 삶으로 인도해주는 지름길입니다.

우리는 정신을 맑게 하고 깨어 있는 생활을 하는 것이 두려운 나머지 흔히 우리 마음을 깨끗하게 하고자 하는 영적인 투쟁을 쉽게 포기하고 맙니다. 깨어 있고 또 절제 있는 생활을 하다보면 이 세상이 우리에게 제공하는 '즐거움' 몇 가지를 잃을 것이라고 우리는 생각합니다. 그러나 세상의 즐거움에 얽매이다 보면 자기도 모르는 사이에 세상의 노예로 전락하고 만다는 것을 우리는 깨닫지 못합니다. 한 가지 우리가 알아두어야 할 사실은 성경 전체가 깨어 있는 생활을 하는 길을 우리에게 제시하고 있다는 것입니다. 깨어 있는 생활은 계명 몇 가지를 규칙으로 지키는 것이 아니라 마음을 항상 새롭게 단장하고 다스리는 생활을 하는 것을 의미합니다. 그런데 이상하게도 우리는 바로 이것을 두려워하면서 영적인 투쟁을 중단하고 맙니다. 이렇게 함으로써 우리는 알지 못하는 사이에 저 유명한 비유에 나오는 어리석은 다섯 처녀의 본을 따르고 맙니다.

주님께서 하신 이 말씀이 항상 깨어 있어야 한다는 것을 비유했다는 사실을 누가 의심할 수 있습니까? 슬기로운 다섯 처녀들은 등잔에 기름을 준비해 놓았습니다. 그녀들은 기름-기름은 사랑을 의미합니다-을 갖고 있었고, 불도 또한-불은 깨어서 기도하는 것입니다-갖고 있었습니다. 한편 미련한 처녀들은 기름도 불도 갖고 있지 않았습니다. 사실 사랑과 깨어 기도하는 생활은 불가분의 관계에 있으며 신랑을 맞이하기 위해 절대적으로 필요한 것들입니다.

깨어있는 생활에는 몇 가지 종류가 있을까요? 《깨어 기도하는 생활》이라는 책을 보면 다음과 같이 분류되어 있습니다 : 1) "깨어 있는 생활을 하는 한 방법은 자신의 환상을 자주 그리고 면밀히 검토해보는 것이다. 왜냐하면 악마는 환상을 통해 우리에게 헛된 생각과 꿈을 심어주어 우리의 눈을 흐리게 하기 때문이다." 2) "깨어 있는 생활의 다른 방법은 우리 마음을 동요로부터 멀리하고 항상 침묵과 고요 속에 잠겨있게 하며 끊임없이 기도하는 것이다." 3) "또 다른 방법은 겸손한 마음으로 우리 주님이신 예수 그리스도께 우리를 도와달라고 그치지 않고 애원하는 것이다." 4) "그리고 깨어있는 생활의 또 다른 방법은 우리가 언젠가는 죽을 거라는 사실을 항상 기억하는 것이다." 사랑하는 형제 여러분, 이 모든 것들이 관리인의 역할을 하여 우리 마음속에 악한 생각이 들어오는 것을 막아줄 것입니다.

성 대 주간 동안 우리는 참회하는 마음으로 "한밤중에 신랑이 오신다."라고 노래합니다. 그리고 뒤를 이어 정신을 맑게 하여 깨어 있는 종은 복되고, 게으른 자는 가치가 없는 자라고 노래합니다.

그러므로 우리는 게으름에 사로잡히지 않도록 조심해야 하겠습니다. 그리고 항상 깨어 십자가에 매달려 돌아가신 주님께 우리를 풀어주고 구해 달라고 기도합시다.

"조용히 들어라."
(신명기 27:9)

위대한 예언자 모세는 하느님의 백성 이스라엘 민족에게 말합니다 : "너 이스라엘아 조용히 들어라. 너희는 오늘 너희 하느님 주의 백성이 되었다."(신명기 27:9)

이스라엘 백성은 이 말씀을 듣기 위해 조용히 해야 했습니다. 다시 말해서 그들이 예언자 모세로부터 "너희는 오늘 너희 하느님 주의 백성이 되었다."라는 기쁜 소식을 듣기 위해서 침묵이 우선 전제조건으로 요구되었습니다.

우리가 침묵을 지킬 때 우리 내부 깊숙한 곳으로부터 하느님의 음성이 들려옵니다. 소음과 폭풍우 속에는 하느님께서 계시지 않기 때문입니다. 하느님은 고요를 사랑하십니다. 그분은 지진 속에서는 모습을 나타내지 않으시고 입을 열지도 않으십니다. 예언자 엘리아가 밝힌 것처럼 주님은 불 속에도 존재하시지 않습니다.(열왕기상 19:12) 불길이 지나간 후 시원하게 불어오는 산들바람 속에서 여린 음성이 들려 왔습니다. 그곳에 주님이 계셨던 것입니다.

형제 여러분, 오늘날에도 역시 우리가 주님의 음성을 듣기 위해서 우선 가장 먼저 요구되는 것이 고요와 침묵입니다. 스위스의 유명한 의사이자 작가인 TH. BOVET는 바로 이 침묵의 필요성을 강조합니다 : "침묵은 믿는 자들의 영적인 생활의 기초가 되는 근본입니다. 기도는 하느님과 우리가 나누는 대화입니다. 그런데도 우리는 자주 우리만 얘기하고 하느님은 침묵을 지키는 독백에 빠집니다. 기도를 끝내고 일어나면서 곧 우리는 …… 그러나 기도란 우리가 조용히 침묵을 지키며 하느님께서 우리들의 말에 귀를 기울이실 때까지 참고 기다리는 것을 의미합니다. 지금 우리가 살고 있는 이 소음 많은 세상에서 고요함과 침묵을 갖는 것은 쉬운 일이 아닙니다. 그렇지만 이른 아침이 이것들을 갖기에 가장 적절한 시간입니다. 이른 아침은 또한 하루의 일과를 개괄적으로 생각해보는 데 가장 좋은 순간입니다. 나는 아침마다 5시 전에 일어나 하느님과 조용히 대화를 나누는 사람들을 알고 있습니다."

이처럼 우리 각자는 하루 중 잠깐이나마 침묵을 지키는 순간을 필요로 합니다. 아무것도 생각지 않고 말이 우리에게 무슨 의미가 있는가라는 의문을 품는 순간이 필요한 것입니다. 하루 중 어느 순간 입을 다물고 정적이 흐르는 방 속에서 하느님의 음성을 들어야 합니다. 귀를 세우고 "주여 말하소서. 당신의 종이 듣고 있나이다."라고 말하는 순간이 필요합니다.

하느님을 사랑하는 사람은 침묵도 역시 사랑합니다. 침묵 없이는 판단 기준도 사라지기 때문입니다. 침묵을 통해서만 우리는 옳게 판단하고 옳게 생각하는 법을 배웁니다. 그런 이유로 영적인 사람은 현실을 흐려놓는 소음을 싫어합니다. 모든 사물을 부옇게 변형시키는 끊임없는 움직임을 피하려고 합니다. 그러므로 우리는 일할 때나 교제를 할 때나 공부를 할 때에 때때로 침묵을 지키는 순간을 갖도록 합시다. 일상생활에서 잠시 멀어져서 성스러운 말씀을 읊도록 해야 합니다. 그리고 이것을 고요한 방 속에서 혼자 할 때에 우리는 주님의 음성을 분명하게 들을 수 있습니다.

시리아의 이사악 성인은 오늘날 이렇게 소란스러운 시대가 올 것을 미리 예상하고 이 시대를 사는 우리를 위해 다음과 같은 글을 쓴 듯합니다 : "여러분들은 그 무엇보다 침묵을 사랑하십시오. 침묵은 인간의 언어로 설명할 수 없는 덕을 결실로 맺게 해주기 때문입니다. 우선 강제로라도 여러분들은 여러분 자신을 침묵하도록 만드십시오. 그러다 보면 진정한 침묵을 갖는 법을 깨닫게 되어 침묵으로부터 나오는 바로 그것을 여러분들이 느낄 수 있도록 하느님께서 도와주실 것입니다. 만약 여러분이 이러한 침묵의 작용에 길들게 되면 그것으로 인해 얼마나 많은 빛이 여러분의 영혼 속에 떠오르게 될지 도저히 말로는 설명해드릴 수가 없습니다."

우리 모두 간절히 주님께 애원합시다 : 주 예수 그리스도시여, 우리가 영적으로 우리 자신을 단련시킬 수 있는 힘과 은총을 주소서. 그리하여 침묵에서 나오는 이 놀라운 덕을 우리가 얻도록 해주소서.

"인내심을 저버린 자들은 화를 입으리라."
(집회서 2:14)

　구약 집회서의 현명한 저자는 "인내심을 저버린 자들은 화를 입으리라"고 외치면서 시련과 고난 후에 주님께서 우리를 찾아오시기로 되어 있다면 어떻게 하겠느냐고 덧붙여 묻고 있습니다.

　참으로 인내는 크나큰 덕으로서 우리 일상생활에 매우 유용한 것입니다. 특히 우리가 시련과 고통을 당하고 있을 때 인내는 절대적으로 필요합니다.

　아이를 기르기 위해 어머니는 인내를 필요로 합니다. 가족을 위한 생활비를 벌기 위해 아버지는 인내를 필요로 합니다. 직장인과 기술자와 노동자와 고용주 그리고 우리 모두가 인내를 필요로 합니다.

　인내는 행복의 열쇠이며 어려운 상황에 빠졌을 때 그 어려움을 극복하기 위한 가장 좋은 방법입니다. 인내는 관성이 아닙니다. 인내는 또한 모든 것을 운명에 맡긴다는 운명론적인 자세도 아니며 악을 수동적인 자세로 대적하는 것도 아닙니다.

　인내는 인간을 강인하게 해주는 영적인 힘입니다. 인내는 우리로 하여금 참고 기다리며 힘을 내고 냉정한 태도를 취하도록 해주며 또 끈기 있게 창조적인 활동을 할 수 있도록 해줍니다.

투쟁적인 인내의 본보기를 우리는 야곱에게서 발견할 수 있습니다. 야곱은 밤새도록 끈질기게 천사와 씨름을 했고 드디어, 새벽에는 그의 강인한 인내로 천사를 이겼던 것입니다.

옛날에 이에로니모스 성인이 아테네 거리를 돌아다니다가 스타디움 타원형 경기장 입구에 아주 큰 돌이 놓여 있는 것을 보았습니다.

"이 돌을 어디에 쓰려고 이렇게 놓았습니까?" 성인이 무심코 사제에게 물었습니다. 그러자 사제가 대답했습니다.

"선수들이 자신의 힘을 시험해보도록 하기 위해 이 돌을 놓았습니다. 이 돌을 들 수 없는 선수는 스타디움 안에 들어가 경기를 할 자격이 없는 것입니다."

그렇습니다. 우리의 영적인 힘, 우리의 덕을 시험해볼 수 있는 돌이 바로 인내심입니다. 인내심 없이는 우리는 영혼을 얻을 수 없습니다. 인내심 없이는 우리는 구원받을 수 없습니다. 주님께서는 "끝까지 참는 사람은 구원받을 것이다."(마태오 10:22)라고 분명히 밝히셨습니다. 미래는 참을 줄 아는 사람에게 속합니다.

자신의 수도 경험을 표현하는 글에서 요셉 수도사는 다음과 같이 쓰고 있습니다 : "여러분들은 죽을 때까지 인내심을 가지십시오. 젊은 사람이나 늙은 사람이나 죽는 날까지 참지 않으면 하느님 앞에 서는 날 여러분들의 모든 행적은 한갓 쓰레기로 여겨지게 될 것입니다." 요셉 수도사는 또한 자신의 사랑하는 어머니와 형제들에게 이렇게 썼습니다 : "모든 재난은 그것이 사람으로 인한 것이든 악마도 인한 것이든 아니면 우리 자신의 속성으로 인한 것이든 간에 반드시 어떤 이득이 그 속에 숨어 있는 법입니다. 따라서 인내로써 그 재난을 극복한 사람은 영원히 지속되는 완전한 보상을 보답으로 받게 됩니다." 그리고 요셉 성인은 다음과 같은 중요한 말을 덧붙입니다 : "그러므로 인내심은 음식에 있어서 소금처럼 꼭 필요한 것입니다. 우리가 이기고 잘 살게 되고 지배하기 위해서는 다른 길이 없습니다. 우리 주 그리스도께서 이 인내의 길을 터놓으셨기 때문입니다. 그리하여 그리스도를 사랑하는 우리도 그 사랑 때문에 그분의 뒤를 이어가야 합니다."

 요셉 수도사의 이 말씀 속에 인내심을 획득하는 비결이 숨겨져 있습니다. 그건 우리 주 그리스도의 지극히 거룩하신 모습에 대한 사랑인 것입니다. 우리는 사랑하는 사람을 위해 수많은 희생을 마다하지 않으며 또 수없이 참습니다. 그 사람을 사랑하기 때문입니다. 이처럼 만약에 우리가 그리스도를 진심으로 뜨겁게 사랑한다면 그분을 위해 우리는 무슨 일이든지 할 수 있습니다. 그리고 그분을 위해 놀라운 인내심을 발휘할 수 있는 것입니다. 구약에 나오는 덕의 모본이 되는 욥은 우리를 구원하시기 위해 모든 것을 참으시고 십자가에 매달려 돌아가시기까지 한 그리스도에 대한 하나의 상징에 불과합니다. 자, 우리 모두 인내심 강하신 우리 구세주를 바라봅시다. 그리고 그분의 신성한 사랑을 위해 우리도 모든 것을 참고 견딥시다.

"주께서는 거짓말하는 입술을 미워하시고"
(잠언 12:22)

구약과 신약 속에는 거짓말하는 것을 비난하는 구절이 여러 군데 있습니다. 그러한 구절 중에 하나가 바로 잠언 12장 22절의 말씀인 "주께서는 거짓말하는 입술을 미워하시고"입니다. 거짓말하는 입들을 주님께서는 배척하시고 싫어하신다는 것입니다.

그러면 어째서 하느님께서는 거짓말을 그렇게도 비난하실까요?

1) 대 바실리오스 성인은 "가장 사악한 행위는 거짓말하는 것이니"라고 쓰고 있습니다. 처음부터 살인자였고 진리라는 것은 전혀 알지 못하는 사악한 악마는 "거짓말을 할 때마다 제 본성을 드러내며 진정 거짓말쟁이이며 거짓말의 아비"입니다.(요한 8:44) 악마는 첫 인간들이었던 아담과 하와를 나쁜 길로 끌어가기 위해 처음으로 거짓말을 사용했습니다. 그는 하와를 속이기 위해 이렇게 말했던 것입니다 : "절대로 죽지 않는다. 그 나무열매를 따먹기만 하면 너희의 눈이 밝아져서 하느님처럼 선과 악을 알게 될 줄을 하느님께서 아시고 그렇게 말하신 것이다."(창세기 3:5) 이 거짓말의 결과로 이 세상에 어떠한 불행이 닥쳤는지 우리는 모두 잘 알

고 있습니다. 이처럼 거짓말이 인간을 천국에서 쫓겨나게 만들었고 또 인간을 불행하게 만들었습니다. 그리고 거짓말을 할 때마다 우리는 하느님 곁에서부터 멀어지는 것입니다. 거짓말은 우리의 영혼을 슬프게 하며 지옥을 우리 마음속에 가져옵니다. "가장 사악한 행위인" 거짓말이 우리를 불행하게 만드는 것입니다.

2) 거짓말은 우리 주위사람들을 또한 불행하게 만듭니다. 거짓말은 우정을 깨뜨리고 가정을 파괴합니다. 그리고 우리 사회를 혼란시킵니다. 돈이 상업거래의 근본이 되듯이 우리 사회생활의 주춧돌은 진리입니다. 위조화폐가 나돌게 되면 신용은 무너지고 거래가 중단되게 됩니다. 거짓말을 하여도 이와 똑같은 현상이 생깁니다. 예를 들어 만약에 아내가 남편에게 거짓말을 하고, 고용인이 고용주에게, 학생이 선생에게, 또 어린 아이가 부모에게 거짓말을 한다면 사회 전체가 거짓말하는 사회가 되고 맙니다. 그래서 서로가 서로를 믿지 못하고 의심과 혼란과 불행이 판을 치는 세상이 될 것입니다.

사도 바울로께서는 이 문제를 교회에 적용시켜 이렇게 에페소인들에게 쓰고 있습니다 : "그러므로 거짓말을 하지 말고 이웃에게 진실을 말하십시오. 우리는 서로 한 몸의 지체들입니다."(에페소 4:25) 우리는 교회이신 그리스도의 몸의 지체입니다. 따라서 각 지체는 다른 지체를 보호해야 할 의무가 있습니다. 우리 신체의 각 부분은 이렇게 서로를 보호하고 있습니다. 예를 들어 땅이 울퉁불퉁할 때 다리는 다른 기관에 조심하라고 주의를 주고 뱀이 보이면 우리의 눈이 경고를 하고 이상한 소리가 들리면 귀가 다른 기관에 경고를 합니다. 우리 신체기관들은 정상적으로 작용하는 한 절대로 서로 거짓말을 하지 않습니다. 바로 이처럼 우리 그리스도교인들 사이에도 진실이 얘기되어야 합니다. 이것이 우정이며 사랑입니다. 반면에 거짓말은 교회의 몸의 지체들 간의 좋은 관계를 끊어놓고 파괴시킵니다.

3) 거짓말은 또한 몸의 머리가 되신 그리스도를 모욕하는 것입니다. '진리'이시며 창조주이시며 우리를 만드신 바로 그분을 모욕하는 것입니다. 그런 이유로 사도 베드로께서는 아나니아에게 이렇게 말했던 것입니다 : "당신은 사람을 속인 것이 아니라 하느님을 속인 것이오!"(사도행전 5:4) 아나니아는 단지 사람을 속인 것이 아니라 전지전능하신 하느님 바로 그분을 속였던 것입니다.

이런 이유로 해서 "주께서는 거짓말하는 입술을 미워하십니다." 거짓말은 우리 마음을 가볍게 해주지 못하며 위로해주지 못합니다. 오히려 거짓말을 한 그 사람 자신의 마음을 아프게만 해줍니다. 거짓말은 제자리로 다시 돌아오는 화살처럼 화살을 쏜 사람에게 상처를 입히는 법이라고 현명한 문학가 괴테는 쓰고 있습니다. 거짓말은 우리를 영원한 파멸로 이끌어갑니다. 주님은 '거짓말쟁이를 멸하시는' 분이기 때문입니다.(시편 5:6)

"그러나 당신은 마음속의 진실을 기뻐하시니"
(시편 51:6)

시편의 저자는 제51편에서 하느님께서는 진실을 좋아하신다고 선포합니다. 하느님, 당신은 나의 죄를 싫어하십니다. 당신은 몸과 마음의 솔직함과 성실함을 좋아하는 분이시기에 나를 죄에서 풀어주시기 위해 당신 지혜의 심오함을 내게 보여주셨나이다라고 다윗은 외치고 있습니다.

진리의 근원은 하느님이십니다. 우리 하느님은 진리의 하느님이십니다. 하느님의 말씀이신 예수는 이렇게 강조하셨습니다 : "나는……진리요…….''(요한 14:6) 우리 그리스도께서는 자신을 진리와 동일시하셨습니다. 다시 말해서 우리가 그리스도라고 말하나 진리라고 말하나 그건 똑같은 것입니다. 그리스도를 사랑하는 자는 진리를 사랑합니다. 그리고 진리를 사랑하는 자는 그리스도를 사랑합니다. 따라서 거짓말을 하면서 진리를 부정하는 자는 진리이신 그리스도를 부정하는 것입니다. 그건 마치 유다처럼 그리스도에게 배반의 입맞춤을 하는 것과 같습니다. 왜냐하면 거짓말은 진리의 하느님이신 그리스도로부터 우리를 떼어놓는 크나큰 죄악이기 때문입니다.

그런데 불행히도 요즈음 세상 사람들 사이에는 거짓말이 당연한 것으로 여겨지고 있는 듯합니다. 기술과 물질적인 면은 한없이 발달해가고 있으나 정신적인 면은 오히려 뒤로 후퇴하고 있는 것입니다. 게다가 거짓말이 덕 있는 삶을 오염시키고 있으며, 사람들은 덕 있는 삶을 시대에 뒤떨어진 어떤 것으로 생각하고 있는 것입니다. 그래서 부패하고 더럽고 거짓된 것들이 중요한 것들로 평가되고 현대인에게 어울리는 것이라며 사랑을 받습니다. 이런 퇴폐풍조의 결과로 사람들은 하느님을 사랑하지 않게 되었습니다. 진리도 사랑하지 않게 되었으며 그 대신에 거짓말과 육적인 것과 자동차와 마약을 좋아하게 되었습니다.

그렇다면 이런 범죄적인 풍조 앞에서 진리를 사랑하는 사람이라면 어떻게 반항을 하지 않을 수 있겠습니까? 거짓말과의 타협이란 도저히 용납될 수 없습니다.

"그렇게까지 엄격할 필요가 있느냐"라고 말하는 일부 사람들의 태도는 반 그리스도교적인 것입니다. 그 이유는 사도 바울로께서 "정의와 불의가 어떻게 짝이 될 수 있으며 빛이 어떻게 어둠과 사귈 수 있습니까? 그리스도가 어떻게 벨리아르와 마음을 합할 수 있으며 믿는 사람이 안 믿는 사람과 무엇을 같이 할 수 있겠습니까?"(II고린도 6:14-15)라고 말씀하셨기 때문입니다. 거짓말과 진리는 서로 반대되는 두 진영으로서 우리가 그 둘 속에 다 참가할 수는 없습니다. 거짓말과 진리를 둘 다 사랑한다는 것은 도저히 불가능한 노력입니다. 그건 마치 우리가 빛과 어둠을, 그리스도와 마귀를 동시에 사랑할 수 없는 것과 같습니다.

그뿐만 아니라 우리 주님께서 이 땅에 오신 이유는 주님 자신이 빌라도 앞에서 선언하셨듯이 진리를 증언하기 위해서였습니다 : "나는 오직 진리를 증언하려고 났으며 그 때문에 세상에 왔다."(요한 18:37) 우리 주 그리스도께서는 진리를 선포하시기 위해 거짓된 세상에, 우상과 타협과 부패가 만연한 이 세상에 오신 것입니다. 로마 권력의 대표자인 빌라도는 주님의 이같은 선언에 당황하면서 "진리가 무엇인가?"라고 물었습니다.(요한 18:38) 빌라도의 이와 같은 질문에 우리는 진리란 덕이며 힘이며 경우에 따라서는 여러 가지 이름으로 불리는 것이라고 대답할 수 있습니다.

> 진리란
> 학교에서는 학문이라 불리고
> 태도에서는 소박함이며
> 대화에서는 성실성이며
> 계약에서는 충실한 이행이며
> 사고에서는 자유로움이며
> 약속을 지키는 데 있어서는 신용이며
> 판단기준에서는 정의라고 불리는 것이다.

이 모든 것 이외에도 이미 앞에서 말했듯이 진리는 하느님 그분 자체입니다. 그렇기 때문에 주님께서는 우리에게 "그러면 너희는 진리를 알게 될 것이며 진리가 너희를 자유롭게 할 것이다."(요한 8:32)라고 말씀하셨습니다.

진리의 음성이신 그리스도의 음성만이 인간을 괴로움으로부터 해방시킬 수 있습니다. 그런데 끼릴로스 성인이 말씀하셨듯이 진리의 말씀은 진리를 사랑하는 사람들에게는 잘 받아들여지지만 올바른 판단력이 없는 사람들은 진리를 흉하고 넌덜머리나는 것으로 생각합니다.

그러니 우리는 무엇보다도 진리를 가장 사랑합시다. 진리를 사랑하는 것은 우리의 주님이시자 하느님이신 바로 그분을 우리가 사랑하는 것입니다. 이 신성한 사랑이 우리를 구원해주기 때문입니다.

"죽기까지 진리를 위해 싸우라."
(집회서 4:28)

　마지막 숨이 끊어지는 순간까지 진리를 위해 싸우라고 구약 집회서의 현명한 저자 시라흐는 우리에게 충고합니다. 그래야만 "주 하느님께서 우리를 도와주신다"는 것입니다.

　이처럼 주 하느님께서는 우리가 진리를 위해 투쟁하기를 바라십니다. 그리고 우리 시대가 또한 이것을 요구합니다. 어른, 아이, 신문기자, 문학가들이 진리를 왜곡시키고 역사와 그리스도교의 본질을 변형시키려는 목적으로 거짓말을 조직적으로 또 기술적으로 사용하고 있는 오늘날의 우리 시대가 진리를 위한 투쟁을 요구하고 있는 것입니다.

　따라서 진리에 대해 무관심하다는 것은 우리 민족의 주체성, 올바른 자녀교육, 거짓에 의해 자꾸 오염되어가려는 새 시대의 구원에 대해 무관심하다는 뜻이 됩니다.

　오늘날 일부 못된 사람들은 끔찍한 혼란을 빚고 있습니다. 그리고 이 혼란은 일생생활의 사소한 여러 문제에서부터 좀 더 거대하고 근본적인 문제에 이르기까지 널리 퍼져 있습니다. 혼란된 가치관이 사람들의 생활 '신조'가 되었고 생활양식을 지배하게 된 것입니다.

세상에 떠돌아다니는 거짓과 간계와 중상모략에서 오는 위험은 대단히 크고 무서운 것입니다. 그러므로 형제 여러분, 여러분들은 "죽기까지 진리를 위해 싸워야" 합니다. 우리가 진리를 위해 투쟁할 때 하느님께서는 우리의 언변을 보다 효과적으로 강화해주실 것입니다.

그러므로 여러분, 진리의 적에 대해 무감정하거나 무관심하거나 무기력하지 맙시다. 거짓과 타협을 해서도 안 됩니다. "진리 편에 선 사람은 내 말을 귀담아 듣는다."(요한 18:37)라고 주님께서는 분명히 말하셨습니다. 진리를 갈망하고 사랑하고 존중하는 사람은 누구나 진리의 하느님의 말씀에 귀를 기울이는 법입니다. 그리고 진리를 열심히 홍보하고 진리를 위해 용감하게 투쟁하는 사람이 됩니다.

요한 크리소스톰 성인이 말씀하셨듯이 진리에게는 큰 힘이 있습니다 : "진리보다 더 강한 것은 아무것도 없으며 반대로 아무리 수천만 개의 덮개로 덮여 있어도 거짓말보다 더 약한 것은 없습니다. 진리란 진리를 보고자 하는 사람들에게는 시간을 가리지 않고 언제나 분명한 모습을 드러냅니다. 진리는 사람들의 시선을 피하려 하지도 않으며 무서워하지도 않으며 사악한 사람들의 간계도 두려워하지 않으며 또 많은 사람들로부터 찬양받는 것을 원하지도 않습니다. 진리는 어느 누구에게도 죄의식을 느끼지도 않으며 책임도 없습니다. 진리는 모든 것의 우위를 차지하고 있습니다. 수많은 공격과 진리를 감추기 위한 악한 사람들의 간계에도 불구하고 진리는 요지부동하며 언제나 굳건히 남아 있습니다. 그리고 진리는 자신을 사랑하고 자기에게 피난처를 구하는 사람들을 지켜주고, 안전하고 무너지지 않는 요새처럼 강한 힘으로 보호해줍니다."

요한 크리소스톰 성인의 이 모든 말씀은 에즈라 1권 3장과 4장에 특징적인 한 예에 의해서도 확인됩니다. 에즈라를 보면 다리우스 왕의 경호원 가운데 한 사람이 "왕은 강하십니다"라고 썼습니다. 그리고 세 번째 경호원은 "여인들은 강합니다만, 이 모든 것보다 진리가 가장 강합니다."라고 썼습니다. 그리고 에즈라 1권 4장 41절에는 "온 백성이 진리는 위대하고 강하다고 소리쳤다."라고 쓰여 있습니다.

이 위대한 진리를 위해 우리 모두 투쟁합시다. 방향을 잃고 방황하는 이 세상에 우리가 등불을 켭시다. 세상 사람들이 구원의 길을 찾을 수 있도록 진리의 등불을 말입니다.

그리스도교인이 취할 길과 방법은 오직 하나뿐입니다. 그건 용감하게 진리를 외치는 것입니다. 우리 이웃에게 진정한 사랑으로 대해주는 것입니다. 그리스도의 진리에 의해서만이 인간은 고통으로부터 벗어날 수 있다는 확신을 계속 간직하는 것입니다. 형제들을 진리의 길로 하느님의 사랑의 길로 인도하며 그들이 성경을 읽도록 안내해주는 것입니다. 이런 일을 하면서 어려움을 만나고 반발에 부딪히고, 중상모략을 당하고 박해를 받게 되면, 그리스도의 진리를 위해 피를 흘렸던 기원 후 첫 3세기 동안의 1,100만의 순교자들과 현재도 교회를 위해 고통을 당하고 있는 정교인들을 생각하도록 합시다. 그리고 우리도 '죽을 때까지 진리를 위해' 싸우도록 합시다.

II. 신약성서

1) 복음서에서

"회개하라 하늘나라가 다가왔다."
(마태오 4:17)

주 예수께서는 회개하라는 말씀으로 전도를 시작하셨습니다. 하늘나라가, 복되고 구원에 가득 찬 영적이고 거룩한 삶이 가까워 오므로 생각과 견해와 사고방식을 바꾸라는 것이었습니다. '회개하라'가 주님의 신성한 입으로부터 나온 첫 말씀이었습니다. 이 말씀을 좀 더 조심스럽게 연구해봅시다.

'회개하라'는 이 말씀은 기존 관념에 대한 혁명이었습니다. 주님께서는 혁명을 시작으로 삼으신 것입니다. 어떤 죄를 지은 사람이든지 그 죄인을 주님께서는 가망 없는 사람으로 생각하지도 않으셨고 자유의 몸이 될 수 없는 종이나 포로로도 생각하지 않으셨습니다. 주님은 단지 누구든지 회개할 가능성이 있다는 점을 강조하신 것입니다 : "너희들은 너희들이 원하기만 하면 더 이상 타락으로 떨어지지 않을 수도 있다. 너희들이 처해 있는 상황은 교정이 불가능한 절망적인 상황은 아니다. 너희가 원하기만 하고 결심을 하기만 한다면 너희는 충분히 변할 수가 있다." 이런 의미에서 주님은 '회개하라'고 우리에게 요청하신 것입니다. 아토스산의 니코디모스 성인은 이렇게 쓰고 있습니다 : "회개를 하기 위해 필요한 모든 것은 우리가 생활을 바꾸기로 결심하는 데 있습니다. 과연 내가 그걸 할 수 있을까… 고치기는 해야겠는데… 또는 죄를 지을 생각은 전혀 없었는데… 하는 식으로 말해서는 안 됩니다. 오히려 우리는 고쳐야겠다… 더 이상 죄를 짓지 않겠다고 굳건하게 결심해야 합니다……"

우리가 이렇게 결심을 굳게 하고 회개를 하려고 할 때 우리의 적인 악마는 우리에게 다가와서 우리 생각을 흔들어 놓고 무용지물로 변하게 합니다. 그 못된 악마는 어두운 생각을, 고독하고 절망적인 생각을 우리에게 불어넣어 주는 것입니다. "그렇게 많은 잘못을 저질러 놓고 네가 어떻게 구원을 믿는단 말이냐? 너에게는 구원이란 있지도 않아." 악마는 우리에게 이렇게 속삭입니다. 악마의 이러한 속삭임에 넘어간 많은 사람들은 절망적인 결론에 도달해서 "노력해보아야 소용없어. 나는 구원받기는 틀렸으니까."라는 탄식의 소리만 연발합니다.

그러나 우리는 바로 이 점에서 특히 주의를 해야 합니다. 주님께서는 '회개하라'는 메마르고 감정 없는 명령을 우리에게 내리신 것이 아니라 주님 자신이 스스로 우리 인간의 보조자가 되시어 우리가 회개를 할 수 있도록 도와주시기 때문입니다. 주님은 스스로 착한 사마리아인이 되시어 상처 입은 사람의 상처를 씻어주시고 "그의 상처에 기름과 포도주를 붓고"(루가 10:34) 싸매주셨습니다. 주님은 스스로 선한 목자가 되셔서 안전한 울안에 우리를 넣어 두시려고 "잃어버린 양"과 같은 우리를 찾아 벼랑으로 달려 가셨습니다. 그리고 주님은 또한 "그를 믿는 사람은 누구든지 멸망하지 않고 영원한 생명을 얻게 하시려고"(요한 3:16) 십자가 위에서 자신의 목숨을 바치셨습니다. 이렇게 주님은 자신의 피로써 회개의 길을 열어주신 것입니다. '회개하라' 는 이 말씀은 우리가 은이나 금 따위의 없어질 물건으로 값을 치르고 얻은 것이 아니라 흠도 티도 없는 어린 양의 피같은 예수 그리스도의 귀한 피로 얻은 것입니다.(Ⅰ베드로 1:18) 바로 그렇기 때문에 우리 인간을 변화시키고 구할 힘이 있는 말씀인 것입니다.

'회개하라' 는 말씀은 또한 우리 존재를 근본적으로 뿌리부터 새롭게 바꿔보고 싶은 강한 욕망을 우리 마음속에 불러일으킵니다. 우리의 영적 세계를 변모시키고 새롭게 변화시키고 싶도록 만드는 것입니다. 주님은 우리에게 한번 회개하고 그칠 것이 아니라 계속해서 회개하라고 말씀하셨습니다. 다시 말해서 처음에 잠깐 회개를 하고 중단하는 것으로는 충분하지 않고 평생 동안 매일 회개를 해야 한다는 것입니다. 왜냐하면 우리는 매일 하느님의 뜻에 어긋나는 일을 얼마간 하고 있기 때문입니다. 따라서 계속 회개를 하지 않으면 우리는 영적인 변모를 경험할 수 없습니다.

형제 여러분, 우리 다 같이 매일 회개하는 것을 습관으로 삼읍시다. 우리 모두가 회개를 필요로 하는 행동을 하고 있으며 바로 이 행동이 하늘나라로 가는 길을 막고 있기 때문입니다. '회개하라' 는 주님의 말씀으로 우리 영혼을 계속 새롭게 단장합시다.

"거짓 예언자들을 조심하라."
(마태오 7:15)

 주님께서는 "거짓 예언자들을 조심하라"라고 뜻깊은 경고를 우리에게 하시면서 "그들은(거짓 예언자들은) 양의 탈을 쓰고 너희에게 나타나지만은 속에는 사나운 이리가 들어 있다"고 덧붙여 말씀하십니다.

 주님의 이 말씀의 의미는 분명합니다. 우리 주 예수께서는 우리를 위협하고 있는, 보이는 또는 보이지 않는 온갖 위험 앞에서 우리가 조심하도록 만들고 싶으신 것입니다. 진리와 구원의 길 위에 머물기를 원한다면 우리는 조심해야 합니다. 거짓 예언자들이 빚어내는 위험으로부터 우리는 조심해야 합니다. 그들은 위선자이며 사기꾼이기 때문입니다. 그들은 순진하고 얌전한 양의 탈을 쓰고 우리 앞에 나타나지만 사실은 이리에 불과하며, 사도 바울로께서 지적하셨듯이 미친 듯이 물불을 가리지 않고 날뛰는 '사나운 이리떼'(사도행전 20:29) 인 것입니다.

 양 우리에 들어간 이리가 어떤 짓을 하는지 아십니까? 이리는 미친 듯이 양들을 잡아채어 될 수 있는 한 많은 수의 양을 죽입니다. 그건 가지고 가서 먹기 위해서가 아니라 피를 보기 좋아하는 자신의 욕망을 충족시키기 위해서이며 가능하기만 하면 양떼 전체를 갈기갈기 찢어놓고 맙니다. 이단자들이 하는 행위가 꼭 이와 같습니다. 이단자들은 그리스도의 선량한 양떼들을 조금도 생각해주지 않습니다.

수많은 거짓 예언자와 이단자들 가운데서 최근 정교회를 교란시키는 가장 악질적인 중심인물들은 '여호와의 증인' 입니다. 그들은 그리스도의 양 우리에 뛰어들며 집에서 집으로 가게에서 가게로 돌아다니면서 줏대가 없고 천진난만한 사람들을 잘못된 길로 빠지게 하고 있습니다. 그들은 음흉하기 짝이 없는 사람들이며 그리스도교인의 악독한 적입니다. 게다가 그들은 떳떳하게 우리에게 도전해오는 것이 아니라 자신의 모습을 감추고 가장한 모습으로 우리에게 다가옵니다. 실제로는 이리이면서도 양의 탈을 쓰고 나타나며 사실은 적이면서도 친구인 체합니다.

그렇기 때문에 우리 주님은 '조심하라' 라고 외치셨고 사도 바울로도 역시 이 말씀을 반복하셨습니다. 조심은 영적인 무기이므로 우리는 이 무기를 사용해서 죄와 각종 이단을 물리칠 수 있습니다. 조심성이 군인으로 하여금 잠을 자지 않고 망을 보게 하듯이 이런 조심성이 그리스도인들로 하여금 이단적인 사상으로부터 생각과 마음을 지키도록 해줍니다.

형제 여러분, 여러분들은 이 조심성을 갖고 계십니까? 여호와의 증인이 친근한 태도를 보이며 얘기를 걸어올 때에는 그가 여러분에게 죽음의 덫을 치고 있으며 여러분을 그 덫 속에 잡아넣어 죽이려 하고 있다는 사실을 항상 염두에 두십시오. 여러분은 그들의 미소와 약속을 믿어서는 안 됩니다.

여러분, 이리떼와 같은 여호와의 증인들로부터 멀리 떠나십시오. 그렇지 않을 경우에 여러분들은 그들의 먹이가 될 것입니다. 그러한 무서운 이리떼에 의해 마구 찢김을 당하고 싶으십니까? 물론 아니시겠지요. 그러나 여러분들은 과연 도망가는 것만이 유일한 또 가장 좋은 해결책이냐고 물으실 것입니다. 저는 이 질문에 대해 주님께서 가르치셨던 예를 들어 대답하고자 합니다. 늑대에 둘러싸인 사람이 생각하는 것은 어떻게 하면 목숨을 건지느냐는 것입니다. 어떻게 해서, 무슨 방법으로 그 늑대들을 대처하느냐는 것입니다. 효과적인 한 방법은 도망치는 것입니다. 두 번째 방법은 방어하고 저항하는 것입니다. 세 번째 방법은 늑대를 쫓는 것입니다. 목동은 늑대를 쫓아가서 그 늑대를 때려잡습니다. 사람들은 도둑과 강도를 온갖 수단을 동원해서라도 잡고 맙니다. 우리가 이렇게 일상생활을 살아가면서 경험한 사실을 하느님께서는 복음사 요한의 입을 통해 우리에게 가르치십니다 : "만일 누가 여러분을 찾아 가서 이 교훈과 다른 것을 전하거든 그를 집안으로 받아들이지도 말고 인사도 하지 마십시오. 그런 자에게 인사를 하면 그의 악한 사업에 참여하는 것이 됩니다."(요한II서 1:10-11)

이 말씀은 다음과 같은 것을 의미합니다 : 누가 여러분에게 찾아가서 정교회의 가르침과 다른 것을 전할 때에는 여러분들은 그 이단자를 여러분 집안으로 받아들이지도 말고 인사도 하지 말아야 합니다. 그와 '인사를 하며' 관계를 맺으면 그의 악한 사업에 참여하는 것이 되기 때문입니다.

형제 여러분, 여호와의 증인들을 멀리하십시오. 이단자들로부터 멀어지십시오.

"예수 그리스도에 관한 복음의 시작"
(마르코 1:1)

하느님이신 그리스도께서 인간으로 이 세상에 태어나신 신비로운 사건을 생각하면서 복음사 마르코의 가슴은 기쁨으로 뜁놉니다. 그리하여 그는 이 거대한 사건의 의미와 본질을 전달하기에 합당한 구절을 찾기 시작합니다. 그리고 마침내 그는 "예수 그리스도에 관한 복음의 시작"이라는 구절을 발견합니다. 이 구절은 단순히 어떤 중대한 역사적인 사실을 나타내거나 훌륭한 가르침을 위한 것이 아니라 기쁨의 소식인 것입니다. 그는 우리 영혼 속에 기쁨의 씨를 뿌리기를 원했습니다. 깊고 말할 수 없이 큰 기쁨을 말입니다. 바로 이것이 '복음', 다시 말해서 사람들이 지금까지 전혀 들어본 적이 없는 새롭고 즐거운 소식인 것입니다.

'복음'은 과연 주님께서 인간으로 태어나신 시대에 기쁘고 좋은 소식이었을까요? 진정 그건 기쁜 소식이었습니다. 왜냐하면 그 당시 사람들은 끔찍한 혼란과 불행 속에서 살고 있었기 때문이었습니다. 온 세상 백성들은 그들을 구원해줄 사람이 올 것을 기다리고 있었던 것입니다. 여러 종류의 종교와 철학 속을 방황하느라 지쳐서 절망에 빠져버린 인간들은 이 전갈을 듣자 삶의 의의를 느꼈습니다. 사람들은 하늘을 바라보면서 자신들의 삶을 이끌어 나가야 한다는 것을 깨달았던 것입니다.

이 전갈이 모든 사람들을, 남자나 여자나 어린아이 할 것 없이 모두를 굴욕과 파멸과 노예생활로부터 해방시켰던 것입니다.

그런데 '복음'이 처음 들려왔던 시기에 만연했던 그것과 비슷한 혼란이 우리 시대에도 또 다시 널리 퍼져 있습니다. 오늘날에도 역시 소름끼치는 대혼란이 존재하고 있는 것입니다. 사람들은 다시 방향을 잃고 갈팡질팡하고 있으며 행복을 성취하기 위해 수많은 시도를 했지만 성공하지 못하고 결국 씁쓸한 절망만을 맛보고 있는 것입니다. 게다가 더욱 비극적인 일은 이 수많은 노력의 끝에 기다리고 있는 것은 승리가 아니라 천여만여한 낭떠러지, 대혼란, 철저한 파멸이라는 사실입니다.

그러면 현대의 사람에게는, 고통과 고민을 가진 현대 사람에게는 '복음'이 존재하지 않을까요? 그리스도에 대한 '즐거운 소식'이 들리지 않게 된 것일까요? 아닙니다. 절대로 그렇지 않습니다. 다만 우리 각자가 마음을 활짝 열고 이 좋은 소식을 받아들이기만 하면 되는 것입니다.

형제 여러분, 예수 그리스도에 대한 복음은 한때의 '새로운' 전갈이었는지 아니면 지금도 우리 자신에게도 여전히 '새로운' 전갈인지를 우리 다 같이 스스로에게 진정으로 물어봅시다. 이 복음이 우리 생활에서 어떤 위치를 차지하고 있습니까?

복음의 각 말씀이 어떤 새로운 것으로 우리 마음속에 다가옵니까? 그분의 말씀이 우리 안에 있는 낡고 더러운 것들로부터 우리를 멀리해줍니까? 혹시 습관 때문에 피곤 때문에 할 일이 많기 때문에 …… 우리는 주님의 말씀에 소극적으로 접근하고 있지는 않습니까? 그렇지만 만약 우리가 마음을 열고 주님의 말씀을 받아들이기만 한다면 그때는 우리 삶이 전적으로 새로워지는 것입니다.

복음이 우리 생활 속속들이 스며들어 있을 때 우리 생활에는 놀라운 변화가 일어납니다. 우리 삶은 겨울이 없는 봄이 될 것이며, 비록 어려움과 문제가 있기는 하겠지만 어둠이 없는 환한 낮이 될 것입니다.

복음과 권능과 힘에 대해 구태여 부연해서 설명할 필요는 없을 것입니다. 또한 매일 복음을 열심히 연구하는 수많은 사람들의 개인적 경험에 의존할 필요도 없습니다. 각자 개별적으로 시험해보는 것으로 충분하기 때문입니다. 형제 여러분, 여러분들이 어떤 사람이든지 간에 상관없이 복음서를 열고 조심스럽게 생각하면서 경건한 마음으로 매일 한 장이나 몇 줄씩 읽도록 하십시오. 정교회의 교부들과 신학자들의 해석을 덧붙여 읽어나가면 그때에는 여러분들의 가슴 속에 평온함이 넘쳐흐르는 것을 느끼실 것입니다. 신비스러운 힘이 여러분 안에 솟아나는 것을 느끼실 것입니다. 여러분들은 매일 이것저것 시험해보고 있습니다. 그런데 왜 성경 읽는 것은 주저하고 자꾸 연기를 하십니까? 제발 오늘부터, 지금 이 순간부터 성경공부를 시작하십시오.

"늘 깨어 있으라."
(마르코 13:37)

주님께서는 우리의 병든 속성을 잘 알고 계십니다. 첫 창조물들이 타락한 후 인간들은 하락일로에 있습니다. 인간의 핏속에는 나태함이 들어왔고 영적인 것은 무엇이나 무시하려 들고 배우려 하지 않으려는 경향이 나타난 것입니다.

바로 그런 이유로 주님께서는 우리에게 항상 깨어서 주의하라고 권유하십니다. 왜냐하면 우리는 주님의 재림시기가 언제일지 알지 못하고 있기 때문입니다. 항상 깨어서 기다리라는 명령과 함께 집을 종에게 맡기고 떠난 주인처럼 주님은 재림하실 때까지 이 세상을 떠나 계실 것입니다. 그리고 주님께서는 교회 안에 있는 자신의 종들에게 각자 할 일을 맡기셨으며 언제나 깨어서 자신을 영접할 준비를 한 채 있으라고 당부하셨습니다. 그러니 여러분, 늘 깨어서 주의를 하십시오. 주님께서 집으로 돌아오실 시간이 언제일지, 늦은 밤일지, 자정일지, 새벽일지 아니면 아침일지 모르기 때문입니다. 혹시 뜻밖에도 주님께서 여러분이 잠든 사이에 오실지도 모르니 늘 깨어 있으십시오. 지금 이 말은 이 세상 종말까지 사는 모든 사람들에게도 해당되는 말이니 여러분, 우리 모두 항상 깨어 있도록 합시다!

그런데 깨어 있다는 것은 과연 어떤 것일까요? 1) 그건 우리가 언제라도 주님을 만날 수 있도록 준비를 하고 있는 것입니다. 2) 항상 양심을 깨끗하게 하고 있는 것입니다. 3) 우리 영혼의 구원을 위해 조심하는 것입니다.

일선에 있는 군인들은 항상 깨어 경계태세를 갖추고 있습니다. 그들은 언제라도 적을 맞아 싸울 준비가 되어 있는 것입니다. 우리들도 또한 일선에 있는 군인들처럼 언제나 준비상태에 있어야 하겠습니다.

우리는 영적인 투쟁을 하면서 많은 적을 만납니다. 이러한 적이란 악마들이며, 하느님을 위해 봉사하는 것이 아니라 맘몬을 위해 봉사하며 또 게으르고, 조심성 없고, 괴상망측한 자기 자신을 위해 봉사하는 인간들입니다. 바로 이런 이유로 우리는 늘 깨어 있어야 하는 것입니다.

그러면 어떻게 해서 우리가 늘 깨어 있을 수 있을까요? 하느님을 지닌 교부들은 이 질문에 대해 분명한 해답을 줍니다.

1) 시리아인 에프렘 성인은 우선 하느님을 경외하라고 충고합니다 : "마음속으로 하느님을 경외하는 자는 복이 있습니다. 왜냐하면 그는 교활한 적의 간계를 쉽게 물리치기 때문입니다. 그는 다른 생각을 품지 않으며, 주님께서 혹시라도 갑자기 오셔서 준비되어 있지 않은 자신을 발견하실까 두려워서 주님만을 생각하며 기다립니다. 주님을 경외하는 자는 게으르지 않으며 게으른 자로 선고받지 않기 위해 자신의 영혼을 열심히 돌봅니다. 주님에 대한

경외심이 많은 선행의 요인이 됩니다. 그러나 이와 반대로 마음속으로 하느님을 경외하지 않는 자는 태평하게 잠이나 자며, 자신의 할 일을 게을리 하며, 자신의 욕망을 모두 만족시키려 하며, 휴식에 만족을 느끼며, 자신을 낮추는 일을 싫어합니다. 그 누가 이런 사람을 동정하지 않을 수 있겠습니까?" 2) 요한 크리소스톰 성인은 이렇게 쓰고 있습니다 : "어떤 사람들은 진정 비참한 상태에 처해 있어서 자신들의 집은 화려한 장식과 값비싼 물건으로 아름답게 꾸미고 있지만 자신의 영혼은 전혀 돌보지 않아서 그들의 영혼은 진흙과 연기와 구역질나는 냄새로 가득 차 있고 이루 상상할 수도 없을 정도로 황폐해져 있습니다. 이 모든 것의 이유는 우리가 신성한 가르침의 빛을 계속 받고 있지 않기 때문입니다. 그래서 꼭 필요한 것은 돌보지 않고 가치 없는 것에만 주의를 기울이는 것입니다."

3) 게으름을 물리치고 성경을 읽으십시오. 버릇없는 여러분 자신을 단단히 가르치고 적 앞에 용감하게 서십시오. 에프렘 성인은 이렇게 충고하며 다음과 같이 말하고 있습니다 : "적이 흔히 침입해 들어오는 통로를 꽉 막으십시오. 그리하여 적이 입구를 발견하지 못해 아무 행동도 할 수 없도록 해야 합니다. 통로를 꽉 막는다는 것은 선한 것이나 악한 것들이 우리 영혼 속에 들어오는 통로가 되는 감각들, 다시 말해서 시각, 청각, 후각, 촉각, 미각을 잘 감시하고 또한 우리 생각을 잘 감시하여 우리가 온당하지 않은 행위를 하지 않도록 하는 것입니다."

4) 마지막으로 에프렘 성인은 간곡한 애원을 수단으로 사용해

보라고 권장합니다 : "용기를 내어 그분께 가까이 다가가서, 무릎을 꿇고, 한숨을 내쉬며, 울면서 그분께 말하십시오. 주여, 나를 불쌍히 여기소서. 당신만이 자비로우신 분이십니다. 당신께 피신해온 이 죄인을 구해 주소서. 잘못의 구렁텅이에서 헤매는 나를 건져주소서. …… 그리고 오셔서 나를 구해주소서."

"너희는 성경을 읽어라."
(요한 5:39)

　주님은 우리에게 단호한 명령을 내리십니다 : 나의 제자들인 너희는 성경을 읽고 성경의 깊은 의미를 깨달아야만 한다. 이렇게 성경을 읽고 성경에 쓰인 내용을 믿을 때에만 너희는 영원한 생명을 얻을 것이기 때문이다.

　우리 정교회에서는 어느 예식을 거행할 때에나, 반드시 성경의 한 구절을 읽습니다. 우리 교회의 기도문, 성가, 예배는 모두 성경에서 영감을 얻은 것이며 성경에 그 근원을 두고 있습니다. 정교회의 교부들은 성경과 함께 살았고 성경과 함께 생각했으며 성경에서 얻은 생각을 놀랍게도 잘 표현함으로써 그들은 자기 자신들을 성경의 본질 그 자체와 동일시하였던 것입니다.

　형제 여러분, 과연 우리는 이 귀중한 보물을 제 가치만큼 높이 평가하고 있습니까? 도대체 우리는 얼마만한 시간을 매일 성경 공부와 연구에 바치고 있습니까?

　이 질문에 대해 많은 사람들은 시간이 없어서 성경을 읽지 못한다고 대답할 것입니다.

　그러나 우리가 스스로에게 좀 더 솔직해진다면 이러한 변명은 도저히 용납될 수 없습니다. 우리는 먹고, 텔레비전 보고, 얘기하고, 전화를 걸며, 또 그 외의 여러 가지 다른 일들은 할 시간은 있지만 다만 성경을 읽을 시간만이 없기 때문입니다.

한 가지 예를 들어보겠습니다. 미국의 위대한 대통령이었던 아브라함 링컨이 하루는 그의 참모 가운데 한 사람을 새벽 5시에 자신의 집무실로 오라고 했다고 합니다. 부름을 받은 참모가 약속시간 15분 전에 와서 집무실 밖에서 기다리고 있는데 대통령 집무실 안으로부터 얘기소리가 들려왔습니다.

"누가 안에 있습니까?" 참모는 비서에게 물었습니다.

"예, 대통령 각하께서 계십니다." 비서가 대답했습니다.

"누구랑 얘기하고 계신가요?" 비서가 다시 물었습니다.

"아닙니다. 대통령 각하께서는 매일 아침 4시부터 5시까지 성경을 읽고 기도하시는 습관이 있습니다."

링컨 대통령은 이처럼 성경으로부터 힘과 용기와 빛과 은혜를 얻었던 것입니다. 바로 그랬기 때문에 그의 서명 하나로 1863년 400만의 흑인노예가 해방될 수 있었습니다. 이렇게 미국의 대통령도 성경을 읽을 시간이 있었는데 우리가 시간이 없어서 성경을 못 읽는다고 한다면 그건 웃음거리밖에 되지 않을 것입니다. 오히려 문제는 우리가 시간을 얼마만큼 가치 있게 보내느냐에 있으며, 성경을 얼마나 높이 평가하느냐에 달려 있습니다. 그러나 그 외에도 중요한 문제가 또 있습니다. 그건 우리가 주님의 명령을 심각하게 받아들이지 않고 있다는 것입니다. 그리고 우리는 성경을 되도록 자주 읽는 것이 우리가 구원을 받을 수 있는 필수조건임을 깨닫지 못하고 있다는 것입니다. 바로 그렇기 때문에 우리는 성경 읽기를 게을리 하고 있는 것입니다.

성경을 사랑하고 성경 연구에 평생을 바친 요한 크리소스톰 성인은 이렇게 쓰고 있습니다 : "성경을 정규적으로 읽지 않으면 우리 인간은 결코 구원 받을 수 없습니다."

그렇다면 우리는 어떻게 성경을 읽고 공부해야 할까요?

1) 갈급한 마음과 애타는 심정과 신성한 열망으로 성경을 읽어야 합니다.

2) 겸손한 마음과 배우려는 자세로 읽어야 합니다.

3) 성령이 우리에게 빛을 내리시어 우리가 성경의 오묘한 뜻을 깨달을 수 있도록 굳건한 믿음으로 간절히 기도를 드려야 합니다.

4) 매일 성경을 읽는 시간을 일정하게 정해놓아야 합니다.

5) 천천히 주의 깊게 경건한 마음으로 읽어야 합니다.

6) 처음 읽으면서 부딪히는 어려운 구절에 실망하지 말아야 합니다.

7) 교부들의 저술과 주석을 잘 읽습니다.

8) 성경을 잘 알고 계시는 분들에게 도움을 요청합니다.

9) 우리가 읽은 성경구절을 어떻게 실천으로 옮길 것인가에 대해 스스로에게 질문을 던집니다.

10) 마음에 와 닿는 구절들을 다시 읽고 밑줄을 긋습니다.

11) 다른 사람들과 함께 성경을 읽는 기회를 마련합니다.

12) 단 3분만이라도 매일 반드시 성경을 읽습니다.

시리아의 이사악 성인은 성경을 읽으면 우리가 행복한 생각을 하게 된다고 쓰고 있습니다.

형제 여러분, 우리 다같이 매일, 중단하지 말고, 계속 성경을 읽고 공부합시다. 성경은 우리 영혼을 깨이게 하며, 무장해주고, 부드럽게 해주며, 위로해주고, 힘을 주며, 날개를 주고, 열광케 하며, 뜨겁게 달구어줍니다. 또한 성경은 우리를 진정 행복하게 해줍니다.

"너희도 서로 발을 씻어주어야 한다."
(요한 13:14)

　복음사 요한이 그의 복음 13장에서 묘사하고 있는 예수 그리스도가 제자들의 발을 씻어주는 장면은 얼마나 엄숙하고 감동적인 것인지요! 그런데 우리는 이 중요한 사건을 쉽게 잊어버리며 살고 있습니다. 우리는 그 중요한 사건을 놀라움과 감동 속에서 바라보지만 거기서 우리는 그치고 맙니다. 그 다음에 우리가 해야 될 '의무'에 대해서는 까마득히 잊고 있는 것입니다.

　우리가 행해야 될 이 중대한 의무에 대해 말하기 전에 먼저 발을 씻는 동안에 시몬 베드로가 보여준 태도를 주의 깊게 살펴보기로 합시다. 베드로는 그때 예수 그리스도의 성실하고 신중한 제자가 당하기 쉬운 유혹에 빠져 있었습니다. 그는 서로 상응되는 두 가지 불손함을 보인 것입니다. 처음에 베드로는 주님이 자기 발을 씻어주는 것을 사양합니다. 그러나 나중에 그는 주님에게 자신의 발뿐만 아니라 손과 머리까지 씻어 달라고 부탁합니다. 바로 이 베드로처럼 우리는 자주 주님이 해야 할 일과 어떤 방법으로 주님이 그 일을 하셔야 하는가를 우리 스스로 결정하려고 합니다. 그러나 주님께서는, 우리는 얌전히 있고 주님 자신이 절대적인 주도권을 잡기를 바라십니다. 비록 우리의 좁은 소견으로는 이해할 수 없다 해도, 그분의 행동에 우리가 전적으로 복종하기를 바라시는 것입니다. 바로 이 절대적인 복종의 자세를 성모님께서 보여주시지 않았습니까? "이 몸은 주님의 종입니다. 지금 말씀대로 저에게 이루어지기를 바랍니다."(루가 1:38) 성모님의 이 대답이 하나님의 거룩한 뜻에 대한 조건 없는 복종이 아니고 무엇이겠습니까? 이렇게 우리의 생각과 의지를 주님의 뜻에 복종시키는 것이 진정한 겸손입니다. 이 겸손이 주춧돌이 되어 우리는 그 위에서 '서로 발을 씻어주어야' 합니다.

주님께서는 우리가 주님을 모방하기를 원하셨습니다. 그렇기 때문에 "내가 너희에게 한 일을 너희도 그대로 하라고 본을 보여준 것이다."라고 덧붙여 말씀하신 것입니다.

바로 여기서 우리는 인간의 첫 번째 봉사자이셨던 예수와 긴밀한 접촉을 갖고 그분의 자세를 배우는 것이 필요합니다.

그분처럼 우리도 겸손하게, 진심으로, 소란을 피우지 않고, 남에게 전시하기 위해서가 아니라, 조금도 싫다는 기분 없이, 우리 형제들을 위해 봉사하는 법을 배울 필요가 있습니다.

다른 사람이 필요로 하는 것을 눈치 채고 미리 알아낼 수 있도록 우리 감각을 훈련해야 할 필요가 또한 있습니다. 그리고 남에게 봉사하는 방법을 찾아낼 필요가 있습니다. 우리를 슬프게 하고 우리의 마음을 상하게 하거나 우리를 배반한 사람들을 위해 봉사할 기회는 얼마든지 있는 것입니다. 주님께서는 유다의 주머니 속에 주님을 배반한 대가로 받은 돈이 들어 있다는 것을 뻔히 아시고도 유다의 발도 또한 씻겨주신 사실을 우리 모두 잊지 맙시다.

우리의 형제가 고의적으로 혹은 알지 못하는 사이에 우리에게 어떤 피해를 끼쳤을 때 정말 우리는 얼마나 속이 좁아지는지 모르겠습니다! …… 우리는 그에게 말을 거는 것조차 힘들어 하니 말입니다.

형제 여러분!, 우리에게 해를 끼쳤거나, 우리를 사랑하지 않거나, 크고 작은 일로 우리를 배반했던 사람들을 머릿속에 떠올립시다.

그들을 용서할 준비가 되어 있습니까?

그들의 발을 기꺼이 씻어줄 자세가 되어 있습니까?

"내가 너희에게 본을 보여준 것이다."
(요한 13:15)

　주님께서 이 세상을 떠나시기 며칠 전 어느 날 밤에 주님의 제자들은 예루살렘에 있는 어떤 집에 모여 있었습니다. 주님께서 이미 자신의 수난에 대해 미리 예고하셨기 때문에 제자들은 머지않아 어떤 중대한 사건이 일어나리라는 사실을 알고 있었습니다. 그러나 그날 밤에 제자들은 서로 말다툼을 하고 있었습니다. 자기들 중에서 누가 가장 큰 자이며 누가 첫째 자리를 차지해야 하는가에 대해 그들은 토론을 하였던 것입니다. 그러자 제자들의 어리석음 때문에 가슴이 아파지신 주님은 말씀으로 그들을 가르치는 것이 아니라 행동으로 직접 가르치시기로 결심하셨습니다. 주님은 식탁에서 일어나셔서 수건을 허리에 두르시고 큰 대야에 물을 떠와서 제자들에게 다가가셨습니다. 그리고 첫 번째 제자에게 가서 그의 발 앞에 무릎을 꿇고 앉아 더럽고 먼지가 가득한 발을 씻어주셨습니다. 그리고 나서 젖은 발을 수건으로 닦아주신 후 더러운 물을 버리러 가셨습니다. 다시 대야도 깨끗이 씻으시고 깨끗한 물을 담아 오시더니 이번에는 두 번째 제자의 발을 씻어주셨습니다. 주님은 이렇게 열두 제자의 발을 모두 씻어 주셨습니다. 주님께서는 혼자서 열두 번이나 대야에 물을 담아 옮기셨고 또 열두 번이나 종처럼 제자들 앞에 무릎을 꿇고 앉아 발을 씻어주시고 수건으로 닦아주셨던 것입니다. 더군다나 배반자임을 뻔히 알고 있었던 유다에게도 이와 똑같이 해주셨습니다.

제자들은 그만 놀라서 말을 잃은 채 자신들의 선생이 종들이나 해야 마땅한 일을 하시는 것을 보았습니다. 그들은 서로 싸웠던 것을 후회하고 양심의 가책을 느꼈습니다. 그러자 주님은 광채가 빛나는 얼굴로 최후의 만찬이 열리고 있던 식탁의 제자들 곁에 다시 앉으시더니 이렇게 말씀하셨습니다 : 너희들은 내가 무엇 때문에 이런 일을 했는지 아느냐? 너희들은 나를 주님이라고 또 너희들의 선생이라고 부르고 있다. 진정 나를 주이며 선생이기 때문에 너희들이 그렇게 부르는 것은 옳은 일이다. 이렇게 주이며 선생인 내가 너희들의 발을 씻어 주었으니 내 제자들인 너희들도 "서로 발을 씻어주어야 한다." 사랑과 겸손한 마음으로 너희들은 서로 발을 씻어주고 또 너희들은 형제들을 위해 아무리 굴욕적인 일이라도 해줄 자세가 되어 있어야만 한다.

형제 여러분, 주님께서는 우리도 또한 봉사하고 굴욕적인 일을 하기를 바라십니다. 20세기를 살고 있는 주님의 제자들인 우리들도 또한 우리 형제들 앞에 기꺼이 무릎을 꿇고 발을 씻어 주고 그들의 상처를 싸매주기를 주님은 바라십니다. 주님은 우리가 겸손의 교훈을 배워 우리 형제들을 위해 겸손하게 봉사해주시기를 바라시는 것입니다.

한번은 사람들이 대 안토니오스 성인에게 성인이 되기 위해서는 어떤 덕을 향해야 하느냐고 물었습니다. 그러자 대 안토니오스 성인은 세 가지 덕이 필요한데 첫째는 겸손이요, 둘째도 겸손이요, 셋째도 겸손이라고 대답했다 합니다. 사막에서 평생을 보낸 이 안토니오스 성인은 우리가 영적으로 성장하기 위해서는 그만큼 겸손이 중요한 가치를 지니고 있으며 또 어떤 희생을 치루더라도 우리는 겸손함을 얻을 필요가 있다는 의미로 이렇게 말씀하신 것입니다.

우리가 진정으로 겸손한 사람이 되기 위해서는 주님의 발 아래에서 수업을 쌓는 일이 요구됩니다. 주님에게서 진정으로 겸손해지는 법과 형제들을 위해 봉사하는 법을 배워야 하는 것입니다. 그래야만 우리는 소란을 피우거나 남에게 전시 효과를 노리기 위해서가 아니라 진정 기쁜 마음과 헌신하는 마음으로 봉사할 수 있게 됩니다.

그렇게 되면 한 그리스도교 시인이 표현했던 것처럼 주님께서는 우리에게 이렇게 말씀하실 것입니다 :

"노예의 앞치마를 두르고
상대방의 발 앞에 수그릴 때에
너희는 나와 함께 별까지 높이 올라가리라."

매년 성 대 주간이 되면 우리는 "주님께서 제자들의 발을 씻어주심으로 겸손의 가장 훌륭한 길을 보여주셨도다."라는 성가의 구절을 듣습니다.

바로 이렇게 겸손이 가장 좋은 길입니다. 그리고 진정한 봉사정신과 덕의 초석과 기반이 되는 것이 이 겸손인 것입니다.

"내가 너희를 사랑한 것처럼
너희도 나를 사랑하여라."
(요한 15:12)

이 말씀은 주님께서 고난을 당하시기 직전에 하신 말씀입니다. 바로 그렇기 때문에 더욱 의미심장한 말씀인 것입니다. 임종 직전에 놓인 한 아버지의 말씀은 그 자식들에게 대단히 중요한 의미가 있습니다. 그렇다면 우리 주님이 사랑의 제단에 자신을 희생물로 바치러 가시기 전에 하신 말씀은 그것과는 비교도 할 수 없이, 수천 수 만 배 더 큰 의미를 가질 것임에 틀림없습니다.

"내가 너희를 사랑한 것처럼 너희도 서로 사랑하여라. 이것이 나의 계명이다." 주님은 주님 자신이 우리를 사랑하셨듯이 우리가 서로 사랑하는 것이 주님이 주신 계명이라고 강조하십니다. 포도나무의 비유에서도 주님은 자신의 계명을 지키라고 말씀하셨습니다 : "너희도 내 계명을 지키면 내 사랑 안에 머물러 있게 될 것이다."(요한 15:10) 그러나 12절에 나오는 "너희도 서로 사랑하여라"라는 주님의 계명은 주님께서 우리에게 주신 모든 계명 중에서 가장 큰 계명이며 다른 모든 계명을 포함한 계명이라 말할 수 있습니다. 다시 말해서 "너희도 사랑하여라"라는 주님의 계명은 새로운 내용으로서, 포도나무 가지가 서로 꼭 연결되어 있듯이 우리 인간들 사이에도 사랑으로 연결된 밀착되고 본질적이고 지속적인 결합이 있어야 한다는 것을 뜻합니다. 바로 그런 이유로 주님께서는 "내가 너희를 사랑한 것처럼"이라는 단서를 덧붙이셨던 것입니다. 말하자면 우리가 서로 얼마간 사랑하는 것으로 충분하지 않으며 우리들 사이에는 주님께서 친히 모범을 보이셨던 그 정도의 깊은 사랑이 있어야 한다는 것입니다. 주님께서는 "내가 너희를 사랑한 것처럼" 우리가 서로 사랑하는 것을 원하십니다.

"주님은 우리를 사랑하십니다. 아토스 성산의 실루아노스 원로 수도사는 이렇게 쓰고 있습니다 그래서 복음에 나오는 아버지가 돌아온 탕아를 꾸짖지 않고 오히려 새 옷과 손에 낄 값진 반지와 신을 신발을 주라고 명령하면서 그가 돌아온 것을 기뻐하기 위해 살진 송아지를 잡으라고 했던 것처럼 주님께서는 아무 꾸지람도 없이 우리를 따뜻하게 맞아주십니다."

형제 여러분, 우리 다 함께 구세주이신 주님께서 우리를 얼마나 사랑하셨던가를 생각해보도록 합시다. 요한에 의한 복음 15장 13절의 구절은 주님의 사랑이 얼마나 큰 것인가에 대해 놀랍도록 잘 설명해주고 있습니다 : "벗을 위하여 제 목숨을 바치는 것보다 더 큰 사랑은 없다." 그렇습니다. 주님은 자신의 목숨을 바칠 정도로 우리를 사랑하셨던 것입니다.

이 희생, 희생정신이야말로 참된 사랑의 '시금석'인 것입니다. 희생은 일상생활의 사소한 일에서부터 시작하여 다른 사람을 위해 우리 자신을 부정하는 일까지를 포함합니다. 예수께서 우리를 위해 생명을 바치신 그 희생이 우리가 우리의 사랑을 측량해보는 기본 척도가 됩니다. 주님께서 누구를 위해 그런 희생을 치르셨는지를 생각해봅시다. "죄인인 우리를 위해, 바로 우리를 위해 그리스도는 돌아가셨습니다." 그리스도께서는 이렇게 친구가 아니라 오히려 적인 우리를 위해 자신을 바치신 것입니다.

마지막으로 제가 바라는 것은 주님의 사랑이 차디찬 우리의 마음을 녹여서 우리도 목숨을 바쳐서까지 우리 형제들을 사랑할 수 있게 되는 것입니다. "우리도 형제들을 위해서 우리 목숨을 내놓아야 합니다."(요한1서 3:16)

> "내가 명하는 것을 지키면
> 너희는 나의 벗이 된다."
> (요한 15:14)

하늘과 땅의 주인이신 주님은 인간들의 가장 좋은 친구이십니다. 만일 주님 자신께서 결코 거짓말을 하지 않으시는 입술로 "내가 명하는 것을 지키면 너희는 나의 벗이 된다."라고 직접 말씀하시지 않으셨다면 우리는 이 사실을 믿기 힘들었을 것입니다. 그렇지만 주 예수께서는 자신이 우리에게 명령하신 대로 우리가 행하면 우리는 그의 친구가 되며 앞으로도 영원히 친구가 될 것이라고 분명하게 말씀하셨습니다.

우리가 예수를 단순히 선생이나 예언자로 생각하는 것만으로는 충분하지 않습니다. 우리는 그분을 우리의 친구로서, 우리를 구원하시는 구세주로서 받아들여야 합니다. 다시 말해서 우리와 주님 사이에는 개인적인 친분이 있어야 합니다. 신비롭고 비밀스러운 결합이 둘 사이에 존재해야 한다는 말입니다.

많은 사람들이 주님을 믿었고 또 훌륭한 삶과 경건한 삶을 살았습니다. 그러나 우리는 이런 질문을 던질 수 있습니다. 그 사람들은 과연 구세주를 잘 알고 있었다고 말할 수 있을까요? 그들은 과연 자기들의 가장 좋은 친구를 알고 있듯이 그렇게도 깊게 또한 속속들이 주님에 대해 알고 있었을까요? 서로 사랑하는 한 남자와 한 여자가 결혼성사를 통해 서로를 알게 되듯이 그들도 그런 정도로 주님을 잘 알았을까요? 그들은 주님이 우리에게 우리 자신보다도 더 귀중하고 보배로운 존재라는 것을 깨달았을까요? 그런데 불행하게도 요즘 세상에는 구세주에 대한 여러 가지 견해가 난립하고 있기 때문에 우리가 구세주에 대해 올바르고 참된 견해를 갖지 못하도록 막고 있습니다. 그리하여 이 잘못된 여러 가지 견해들이 예수와 우리 사이를 가로 막는 장애가 되고 있는 것입니다. 주여, 진정 제가 당신을 알고 있나요? 아니면 혹 당신에 대해 듣고 읽는 것만을 제가 알고 있는 것은 아닌지요?

요한에 의한 복음을 보면 주님께서는 사랑의 계명에 대해 말씀하신 후에 15절에서 다시 이렇게 강조하셨습니다 : "이제 나는 너희를 종이라고 부르지 않고 벗이라고 부르겠다." 종이란 주인에 의해 하나의 도구로 사용되는 데 불과합니다. 그렇기 때문에 '주인이 하는 일을 모르는' 것입니다. 반대로 친구는 자기 친구가 갖고 있는 비밀을 모두 알 수 있습니다. 이처럼 그리스도께서는 우리를 친구로 삼으셨기 때문에 우리는 그분의 모든 것을 알 수 있는 은총을 받은 존재들입니다.

예수께서는 또한 "나는 너희에게 내 아버지에게서 들은 것을 모두 다 알려주었다."라고 확언하셨습니다. 주님께서는 만난 처음 순간부터 자신의 제자들을 친구로 삼고자 열망하셨습니다. 그래서 하느님의 왕국에 대한 모든 비밀을 털어놓으셨던 것입니다. 정말 얼마나 여러 번이나 주님께서는 우리가 기도하는 동안이나 성찬예배를 드리는 동안이나 성경을 읽고 있는 동안 또는 우리 인생의 중대한 순간에 그의 크나큰 사랑을 우리에게 보여주시는지 모르겠습니다. 그리고 우리가 어려운 시련에 처하면 다정하고 참된 친구처럼 우리 옆에 계시면서 우리에게 용기를 북돋워주시고 우리를 도와주시고 우리를 용서해주신 때가 얼마나 많이 있는지 모르겠습니다. 과연 예수님만큼이나 귀중하고 전능하시고 떨어질 수 없는 진실한 친구가 또 누가 있겠습니까?

그러나 우리가 예수님과 친구가 되기 위해서는 반드시 충족되어야 할 조건이 하나 있습니다. 그건 다름 아니라 예수님 자신이 이미 말씀하셨던 "내가 명하는 것을 너희가 지키면……"이라고 하신 조건인 것입니다. 이처럼 우리가 미사여구나 늘어놓고 주님을 좋아한다고 말로만 하는 것이 아니라 주님의 계명을 충실히 지킬 때에만 우리는 주님의 우정을 확보할 수 있는 것입니다.

"너희가 나를 택한 것이 아니라 내가 너희를 택하여 내세운 것이다."

(요한 15:16)

연민과 사랑이 가득 찬 마음으로 우리 주님이시며 구세주이신 예수께서는 "너희가 나를 택한 것이 아니라 내가 너희를 택하여 내세운 것이다."라는 말씀으로써 우리에게 크나큰 진리를 밝히셨습니다. 이 말씀을 다시 해석하면 우리가 주도권을 잡고 주님을 선택한 것이 아니라 주님께서 원하셨기 때문에 온 세상 사람들 중에서 우리를 특별히 선택하셨다는 것을 우리가 알아야 한다는 말입니다.

우리는 여기에서 선택의 문제, 그리스도께서 우리에게 호의적이셨고 우리를 사랑하셨기 때문에 우리를 선택하셨다는 문제를 생각해야 합니다. 이 선택이야말로 주님이 우리에게 보이신 우정에 대한 강력한 증거이기 때문입니다. "너희가 나와 친구가 되기 위해 달려온 것이 아니라 내가 …… 먼저 너희를 사랑했노라."라고 주님께서는 말씀하셨습니다. 이처럼 인간과 주님 사이의 우정은 주님에게서 시작된 것이었습니다. 우리가 주님과 친교를 갖는 거룩한 생활을 하게 되는 데 있어서의 주도권은 우리가 잡은 것이 아니라 주님께서 먼저 잡으셨던 것입니다.

"너희가 나를 택한 것이 아니라 내가 너희를 택하여 내세운 것이다." 그런데 과연 우리는 주님께서 우리를 이처럼 사랑하셔서 우리를 선택하신 사실을 생각이나 하고 있습니까? 주님의 이와 같은 사랑을 마음속 깊이 믿고 있습니까? 과연 우리는 주님이 우리를 선택해주신 것을 진정으로 고맙게 여기고 있습니까? "내가 너희를 택하여 내세운 것이다."라는 이 말씀이 우리의 심금을 울려줍니까?

주님께서는 거룩하고 성스럽고 위대한 목적이 있었기 때문에 우리를 선택하셨던 것입니다. 그 목적이 무엇인가를 주님 자신이 본문 바로 다음 구절에서 밝히고 계십니다 : "그러니 너희는 세상에 나가 언제까지나 썩지 않을 열매를 맺어라." 다시 말해서 우리가 영적으로 열매를 맺게 하려는 목적으로 주님은 우리를 그의 포도밭인 교회에 심으셨던 것입니다. 영광스럽게도 주님은 우리를 부르시어 우리에게 다음과 같은 성스러운 사명을 주셨던 것입니다. 너희는 세상에 나가서 바다와 육지와 병상의 침대와 공장과 감옥과 항구와 시골과 도시에 있는 형제들을 찾아가서 기쁨과 진리와 구원의 소식을 그들에게 전하여라.

따라서 그리스도께서 선택하신 사람들은 열매를 맺어야 할 의무가 있습니다. 물론 주님은 몇몇 사람들을 특별한 방법으로 봉사하게 하려고 선택을 하시기도 합니다. 이 사람들은 때때로 '하느님의 왕국'을 위해서 사랑하는 사람들과 부모 형제와 친척들을 부정하기도 합니다. 이렇게 해서 그들은 해외 선교활동을 담당하는 사업에 전념하기 위해 여러 곳에서 선교사로 일하는 것입니다. 그러나 해외 선교활동을 맡지 않는 사람들도 또한 국내에서 선교사업에 참여하여 열매를 맺어야 합니다. 로마 교회의 창립자들이 그리스도교인인 상인이었다는 사실을 우리 모두는 잊지 말아야 합니다. 그들은 장사를 할 목적으로 로마에 갔다가 그곳에 그리스도의 가르침, 복음의 구원적인 소식을 전했던 것입니다.

그러므로 우리의 직업이 상인이든, 기술자이든, 회사원이든, 선생이든지 간에 우리 모두는 열매를 맺고 그리스도를 위해 일을 해야 합니다. 어머니, 아버지, 젊은 사람, 노인 할 것 없이 그리스도교인이라면 누구나 자신의 집에, 주위 사람들에게 새로운 소식을, 그리스도에 대한 소식을 전파하여 열매를 맺는 사람이 되어야 하는 것입니다.

2) 사도경에서

"여러분은 이 세상을 본받지 말고 마음을 새롭게 하여 새 사람이 되십시오."
(로마서 12:2)

 성경은 과연 변화를 반대하는 것일까요? 인간을 그토록 많이 연구했고 또 인간이 무엇인가를 그토록 잘 알고 있는 사도 바울로께서는 무엇 때문에 고린토로부터 서기 52년 로마의 그리스도교인들에게 "여러분은 이 세상을 본받지 말고"라고 써 보냈을까요?

 항상 같은 사람으로 남아 있고 동요 없는 고요한 생활을 하는 것이 무슨 재미가 있을까요? 또한 "여러분은 이 세상을 본받지 말고"라는 이 성경구절이 오늘날의 우리에게는 어떤 의미가 있을까요?

 이 모든 질문에 올바른 대답을 하기 위해서는 물리학의 예를 하나 들어보는 것이 도움이 될 것 같습니다. 모든 액체는 그것이 어떤 모양의 그릇 속에 담기느냐에 따라 여러 가지 모양으로 변한다고 물리학에서는 말합니다. 예를 들어 물을 병에 담으면 병의 모양이 되고, 컵에 담으면 컵의 모양이 되고, 화병에 담으면 화병의 모습으로 변하는 것입니다. 이와 반대로 돌이나 용해되지 않는 어떤 고체는 항상 같은 형태로 남아 있습니다.

이제 일상생활로, 현실세계로 돌아가서 얘기하기로 합시다. 우리는 매일 생존 경쟁과 출세하기 위해 갖가지 투쟁을 하는 가운데, 세상을 떠도는 여러 가지 아이디어로 인해, 기존법칙을 송두리째 뽑아버리는 여러 가지 사상적 조류 때문에, 또 거짓말이나 사기를 이용해서 쉽게 성공하는 것을 보면서, 쉽게 나약해지고 안정감과 방향감각을 잃어버릴 위험에 처해 있습니다. 이 세상을 본받을 위험이, 다시 말해서 매순간 접촉하는 사람의 형태에 따라 우리 자신이 변할 위험이 있다는 것입니다. 신중한 사람과 함께 있으면 신중한 사람이 되고, 경박한 사람들과는 같이 경박해지고, '진보적인' 사상을 가진 사람과 있으면 우리도 진보적이 되고, 정직한 사람과는 우리도 정직해지고, 부정직한 사람과 있으면 우리도 덩달아 부정직해집니다.

그렇다면 변화란 정말로 위험한 것일까요? 물이 담기는 그릇에 따라 변화무쌍한 모양을 취하는 것을 보면 단순하고 재미있기만 한데 무엇이 위험하단 말일까요?

위험은 사람의 변화와 물의 변화에 한 가지 차이점이 있다는 데에 숨어 있습니다. 즉 물은 외부환경에 따라 그 자체 본질과 구성 요소는 조금도 변하지 않은 채 외양만 변합니다. 그러나 인간이 겪는 변화는 태도나 외모와 같은 외적인 것도 있지만 대부분의 경우 내적으로 작용합니다. 다시 말해서 주변 환경, 텔레비전, 어떤 책에 쓰인 사상 등은 먼저 우리의 내부를 변화시키고, 그러고 나서 그 변화가 외부로 나타나는 것입니다. 이 경우 변화란 우리 마음과 생각과 이상과 판단과 믿음에 파괴적인 작용을 하며 상상할 수도 없는 타락을 가져옵니다.

변화하는 순간 우리는 다른 사람이 됩니다. 우리 내부에 보물처럼 쌓아두었던 모든 것, 집에서 학교에서 그리스도의 교회에서 물려받은 모든 것이 허물어집니다. 바로 이런 타락으로부터 우리를 막기 위해 하느님의 말씀은 "여러분은 이 세상을 본받지 말고"라고 우리에게 외치고 있는 것입니다. 오늘 다르고 내일 다른, 물질만능주의에 물든 이 시대의 풍조와 생활양식을 본받지 않도록 주의하라는 말인 것입니다.

그런데 사도 바울로께서는 하지 말라는 부정적 차원에서 '새 사람이 되십시오' (그리스 원어로는 '변모하십시오'라고 되어 있음)라는 긍정적 차원으로 발전해 가셨습니다.

'변모하다'라는 단어를 사전에서 찾아보면 '모습을 바꾸는 것'을 의미합니다. 모습을 바꾸는 것, 즉 외모를 변화하는 것을 말합니다. 그러나 사도 바울로께서 말씀하시는 변모는 외적인, 표면적인 것이 아니라 내적인, 영적인 변모를 의미합니다.

따라서 변모란 일시적인 변장이나 가장이 아닙니다. 진정한 변모는 생각과 마음과 자신의 모든 것을 새롭게 하는 것을 뜻합니다. 그러면 어떻게 해서 이 변모를 성공적으로 할 수 있을까요? 성경과 거룩한 교부들의 전통을 따르면 우리가 변모를 하는 데에는 두 가지 길이 있습니다.

a) 신비의 길 : 여기에는 은혜가 있어야 합니다. 그리스도교인은 각종 성사에 참여함으로써 성령의 은혜로 힘입어 변모의 다볼산을 올라가는 것입니다.

b) 고행의 길 : 각종 성사에 형식적으로 참여한다고 해서 우리 인간들이 변모를 하는 것도 아닙니다. 우리가 금욕과 절제를 하고, 열심히 노력하며, 또 우리 영혼을 갈고 닦을 때만이 진정한 변모가 이루어지는 것입니다.

"사랑은 모든 것을 덮어주고"
(Ⅰ고린토 13:7)

 "사랑"이나 "사랑한다"는 단어는 어른과 아이를 막론하고 그 어떤 단어들보다도 요즈음 사람들이 가장 많이 사용하는 단어입니다. 거의 모든 감정 표현이, 단순한 민요에서부터 소위 "좀 더 심각한" 작품에 이르기까지, 그 속에 담겨 있는 감정 표현은 주로 사랑에 대한 것입니다. 그런데 사랑이라는 단어가 이처럼 광범위하게 쓰이고 있음에도 불구하고, 사람들은 이 단어의 본질에 대해서는 매우 무지합니다. 오늘날 많은 사람들이 사랑을 말할 때, 그들은 주로 이성 관계를 의미합니다. 사랑, 진정한 사랑이란 한 인간의 육체 속에 갇히기에는 너무 깊고 너무 넓으며 심지어는 하늘 그 자체도 사랑에 비하면 너무 좁다는 사실을 그들은 알지 못하고 있는 것입니다.

 이 근본적이고 위대하고 본질적인 덕에 대해, 그러나 동시에 사람들에 의해 많은 오해를 받고 있는 덕에 대해 사도 바울로께서는 그 유명한 "사랑의 찬가"를 썼습니다. 방종하고 서로 분열된 고린토 사람들에게 애타는 마음으로 사도 바울로께서는 "사랑은 모든 것을 덮어주고..."라는 편지를 보낸 것입니다. 다시 말해서 사랑은 이웃의 약점과 부족한 면을 감싸주고 이웃의 사소한 불만과 실수를 탓하지 않습니다.

"사랑은 덮어 주고…" 그렇습니다. 사랑은 형제의 실수를 감싸주는 것이며 사랑은 결코 형제를 비난하지 않는 것이며 형제에 대해 언제나 좋은 인상을 가지려고 노력하는 것입니다.

바로 그렇기 때문에 사랑은 변명해주고 상대방의 잘못을 감소시킬 만한 구실을 찾아줍니다. 진정한 사랑은 모든 사람에게 관대하고 자비롭습니다. 그리하여 남들이 다른 사람을 욕하는 소문을 퍼뜨려도 그 소문에 휘말리지 않고 경계를 합니다. 사랑은 타인을 비난하는 말을 듣기를 원하지 않습니다. 또 쓸데없는 잡담을 하지 않으며 그런 얘기에 끼어들지도 않습니다. 그런데 불행하게도 요즈음 세상 사람들은 이런 일을 하는 데 너무도 익숙해져 있습니다. 사실을 왜곡시켜서 때로는 있지도 않은 일을 있는 것처럼 크게 과장시켜서 이 사람 저 사람에게 무슨 큰 비밀이나 되는 듯이 말하고 돌아다니는 것입니다. 이 모든 것들이 진정한 사랑이 없기 때문에 일어납니다.

구약에 우리 가슴을 서늘하게 만드는 예가 하나 있습니다. 거기에는 우리가 다른 사람을 덮어주지 않고 노출시키는 것이 하느님의 눈에는 얼마나 나쁘게 보이는 지가 쓰여 있습니다. 노아의 아들인 함은 아버지의 벌거벗은 모습을 덮어주지 않고 웃었습니다. 그래서 하느님과 아버지의 저주를 샀던 것입니다. 한편 노아의 다른 두 아들 셈과 야벳은 아버지의 벗은 하체를 덮어줌으로 해서 하느님과 아버지의 축복을 받았습니다. (창세기 9:22-27)

우리는 육체적으로 벌거벗었을 때 부끄러움을 느낍니다. 그리고 어떤 사람이 다른 사람을 벗기면 그는 법에 따라 벌을 받습니다. 그러나 도덕적인 벌거벗음도 이에 못지않은 수치입니다. 비록 도덕적인 벌거벗음은 국가의 법에 의해 항상 처벌되는 것은 아니지만, 이 행위는 하느님의 법에 의해 반드시 처벌을 받습니다. "살아계신 하느님의 심판의 손에 빠져 들어가는 것은 얼마나 무서운 일입니까."(히브리서 10:31) 이처럼 진정한 사랑은 언제나 노아의 아들처럼 덮어줄 덮개를 손에 쥐고 있는 것입니다.

"사랑은 모든 것을 덮어주고." 좋은 어머니, 그리스도를 믿는 어머니는 "모든 것을 덮어주는" 가장 좋은 본보기입니다. 어머니는 자신의 가슴을 아프게 하는 아이의 잘못을 언제나 관대하게 보아주려고 합니다. 자신의 아이가 무슨 짓을 하든지 간에 -때로는 범죄를 저질러도- 그 아이를 용서해줍니다. 왜냐하면 그녀는 자식을 사랑하기 때문입니다. 부부생활에서도 마찬가지입니다. 서로 사랑하는 부부는 상대의 실수와 약점을 덮어주고 감싸줍니다. 물론 상대방의 실수와 약점을 좋아한다는 의미가 아니라 약점을 갖고 있음에도 불구하고 그를 사랑한다는 것입니다. 사랑은 모든 것을 덮어주기 때문입니다.

"사랑은 모든 것을 바라며"
(Ⅰ고린토 13:7)

사랑과 소망은 그리스도교인이 반드시 지녀야 할 세 가지 덕 중에 두 가지입니다. 그중에서도 사도 바울로께서 "가장 위대한" 덕이라고 칭하신 사랑은 "모든 것을 믿으며" 또 "모든 것을 바랍니다." 사도 바울로께서는 마치 우리가 사랑의 찬가를 부르는 순간부터 우리는 어떤 문을, 즉 빛의 왕국으로 통하는 문을 여는 것이라고 말씀하신 듯합니다. 이 문은 또한 소망의 문입니다.

1) 사랑은 바랍니다. 자기 아이를 진정으로 사랑하는 어머니는, 비록 그 아이가 나쁜 길을 가고 있다 할지라도 언젠가는 고쳐질 거라 믿습니다. 소망의 문은 항상 우리 앞에 활짝 열려 있으며 이 문은 우리가 자기중심주의와 믿음의 부족으로 인해 스스로 닫지 않은 한 결코 그 누구도 닫을 수 없습니다.

그러면 소망의 문은 현실적으로 어떻게 나타날까요? 이 문은 하느님의 사랑이 매순간 우리에게 제공하시는 기회의 문입니다.

동방의 한 수도사는 이렇게 쓰고 있습니다 : 여러분들은 이미 지나간 기회에 대해 생각하면서 "내가 그것을 미리 알았더라면! 아, 그때 다르게 행동했더라면! 아, 다시 그 기회가 주어진다면!……"이라고 말합니다. 그러나 이미 엎어진 물은 다시 돌이켜 담을 수는 없는 법입니다. 그렇습니다. 지나가버린 기회는 다시 돌아오지 않습니다. 그러나 이 지나가버린 기회는 사랑의 주님께서 우리에게 앞으로 주실 기회에 비하면 아무 것도 아닙니다. 소망의 문이기도 한 현재의 기회의 문은 매순간 우리 앞에 있습니다. 그러니 잠겨 있으리라고 생각하면서 누가 와서 열어주기만을 기다리지 마십시오. 살짝 밀기만 하면 그 문은 곧 열릴 것이기 때문입니다.

2월은 소망만을 의지해서 평생을 보낸 성인들과 고행성인들, 그리고 순교자들의 축일이 많은 달입니다. 2월 달력을 펼쳐보면 먼저 이스라엘의 소망이신 아기 예수를 품에 안은 시메온의 축일이 있으며 그 뒤를 이어 순교자 페르페투아 성녀, 성 트리폰, 순교자 아가티 성녀 등이 줄을 지어 있습니다. 그들은 모두 믿음에 의지하여 주님에 대한 사랑의 고백을 함으로써 소망의 큰 도약을 하여 건너편에 있는 불멸과 지복의 땅에 도착한 것입니다.

2) 사랑은 모든 것을 바랍니다. 여러분들에게 어려움이 있습니까? 병으로 고생하고 계시지 않습니까? 경제적인 어려움을 겪고 계십니까? 도저히 해결할 수 없는 문제가 있습니까? 여러분을 고민시키며 절망에 빠뜨리는 중대한 일이 발생했습니까? 결코 당황하지 마십시오. 사랑은 모든 것을 바랍니다.

한 소피스트가 고대 그리스의 일곱 현자 가운데 한 사람인 탈레스의 지능을 시험하기 위해 우리 인생에서 가장 믿음직한 동반자는 무엇이냐고 물었다 합니다. 그러자 탈레스는 대답하기를 "그건 소망이다. 왜냐하면 다른 것은 다 사라져도 소망만은 남아서 그림자처럼 우리 인간과 동행하기 때문이다"라고 했습니다. 성 요한 크리소스톰도 "하느님에 대한 소망은 모든 것을 바꿔놓는다"라고 강조하셨습니다. 그렇습니다. 살아계신 하느님에 대한 소망은 모든 것을 변화시킵니다. 그리고 이 소망은 끝이 없이 무한한 하느님의 사랑으로부터 흘러나오기 때문에 한계가 없습니다. 하느님의 무한한 사랑이 무한한 소망이라는 약혼반지를 여러분의 손에 끼워준 것입니다.

"화나는 일이 있더라도 죄를 짓지 마십시오."
(에페소 4:26)

인간이 가진 가장 격한 감정 중의 하나가 분노입니다. 어떤 사람이나 사물이 우리가 얻고자 하는 것을 갖지 못하게 방해를 할 때면 우리는 거의 누구나 다 화를 냅니다. 어린아이가 화를 내는 것을 본 적이 있으십니까? 화난 어린아이는 얼굴이 빨개지고 숨이 거칠어지며 큰소리를 지르며 달려갑니다. 어떤 경우에는 바닥에 벌렁 누어 발로 땅을 차고 손을 마구 휘두릅니다. 어린아이가 이처럼 화가 나있을 때는 아무리 진정하라고 말해도 소용이 없습니다.

그런데 비록 방법은 다르지만, 우리 어른들도 화를 내며 여러 가지 형상으로 분노를 터뜨립니다. 우리는 화가 나면 듣기 좋지 않거나 상대방의 감정을 상하게 하는 말을 합니다. 욕을 하고 앞에 놓인 물건을 던져 깨뜨리거나 우리를 막는 사람을 밀고 때리기도 합니다.

사도 바울로께서 우리 그리스도교인들에게 화를 내지 말라고 말씀하시지 않은 것이 참으로 인상적입니다. 사도 바울로께서는 "화나는 일이 있더라도 죄를 짓지 마십시오"(에페소 4:26)라고 부탁하셨습니다. 다시 말해서 화는 내더라도 죄를 짓지는 말라는 말씀이십니다. 그렇다면 분노나 화는 우리를 죄로 인도하는 나쁜 감정들인데, 어떻게 이런 일이 가능할 수 있겠습니까?

이 구절에 대해서는 여러 가지 해석이 있습니다. 어떤 이들은 화를 내는 그 자체는 죄가 되지 않으나 우리가 마음속에 화를 품고 그 화를 키우면 그때는 죄가 된다고 말합니다. 또 다른 해석은 이기주의나 자기중심적인 이유로 화를 내는 것은 죄가 되나 하느님에 대한 순수한 열정으로 화를 내는 것은 죄가 아니라는 것입니다. 세 번째 해석은 악마와 욕정을 향한 분노는 죄가 되지 않는다는 것입니다. 어떤 대학교수가 자기가 가르치는 학생들에게 "여러분들은 자기 자신에게 화를 내십시오"라고 말씀하셨다는 것이 생각납니다. 정말 다른 사람에게가 아니라 자기 자신에게 화를 내는 것이 중요합니다. 왜냐하면 가장 몹쓸 감정은 이기주의, 우리 자신에 대한 병적인 사랑이기 때문입니다. 그러나 우리 주위에 산재해 있는 추함, 비윤리, 불공평, 유혹 등에 대해서는 우리가 분노를 터뜨려야 할 때도 종종 있습니다.

중요한 것은 "죄를 짓지 마십시오"라는 사도 바울로의 명령입니다. 어떻게 하면 죄를 짓지 않는 이 일이 가능할까요? 어떻게 하면 분노를 누를 수 있을까요? 어떻게 하면 분노로부터 멀어져 죄를 범하지 않을 수 있을까요?

1) 어떤 영웅적인 인물은 이렇게 쓰고 있습니다. 저는 제 자신과 한 가지 계약을 맺었습니다. 저는 마음이 동요될 때는 입을 열지 않기로 한 것입니다. 또 다른 어떤 실제적인 사람은 이렇게 충

고를 합니다 : 화가 날 때는 먼저 열을 세고 말하십시오. 몹시 화가 났을 때에는 백을 세십시오. 그리하여 화를 누르십시오. 어떤 부인들은 화가 나면 말을 하지 않기 위해 입에 물을 담고 화가 풀릴 때까지 삼키지 않기도 합니다.

아이가 잘못을 범했을 때 아이의 어머니나 선생님이 화가 난 상태에서 벌을 주는 것은 매우 잘못된 것입니다. 플라톤이 한번은 말을 안 듣는 아이를 벌주고자 했습니다. 그러나 그는 너무 화가 나 있었기 때문에 자기 친구 크세노크라테스에게 이렇게 부탁했습니다. "여보게, 나는 지금 매우 화가 나 있으니 자네가 대신 이 아이를 벌주게나."

2) 만약에 우리가 참을 수 없이 화가 나서 감정적인 말을 했을 경우에는 그날의 해가 떨어지기 전에 적절한 조치를 취해야 합니다. 분노를 간직한 채 잠자리에 들어서는 안 됩니다. 즉시 서로 대화를 나누며 화해를 해야 하는 것입니다. 왜냐하면 밤이 지나는 사이에 분노는 더욱 커질 것이며, 그렇게 되면 악마가 들어올 기회가 생기기 때문입니다. 악마는 적개심에 불을 붙일 것이며 상상력을 통해 모든 것을 과장시킬 것이며 다른 비난까지도 조작해낼 것입니다. 우리 마음속에 원한을 심어놓기도 할 것입니다.

그렇기 때문에 하느님의 말씀은 이렇게 주문하고 계십니다 : "해질 때까지 화를 풀지 않으면 안 됩니다. 악마에게 발붙일 기회를 주지 마십시오."(에페소 4:26, 27)

3) 분노의 문제에서 우리는 서로가 서로를 도울 수 있습니다. 우리는 정당한 이유로 화를 냈을 때는 우리 자신을 정당화시킵니

다. 이와 마찬가지로 다른 사람도 역시 어떤 경우에는 화를 낼 권리가 있다는 것을 우리는 인정해야 합니다.

상대방이 화가 났을 때에는 "저 사람이 화가 났구나. 저렇게 풀고 나면 괜찮아지겠지"라고 생각하면서 그 화를 그대로 받아줌으로써 우리는 그를 도울 수 있는 것입니다. 그런데도 우리는 어떻게 하고 있습니까? 상대방의 화를 받아주기는커녕 오히려 우리까지도 화를 내고 맙니다.

4) 분노라는 것은 우리가 상상하는 것처럼 그렇게 강적은 아니라는 사실을 우리는 기억해야 합니다. 사랑의 힘으로 분노는 얼마든지 패배시킬 수 있습니다. 위대하고, 강하고, 신성하고 무한한 그리스도의 사랑에는 분노가 쉽게 굴복하는 것입니다.

"그것들을 모두 쓰레기로 여기고 있습니다. 그것은 내가 그리스도를 얻고"
(필립비 3:8)

다마스커스로 가는 길에서 어떤 중대한 만남이 있었습니다. 그리스도교를 박해하던 사울이 예수와의 이 만남 후에는 바울로가 되었던 것입니다. 그에게는 영적인 변모가, 근본적인 변화가 있었습니다. 그전에는 유익하게 생각되던 것들이 이제는 장애물로 보이게 된 것입니다. 다마스커스에서 환영을 본 후로 바울로에게는 이 세상의 모든 가치 있는 것들이 그리스도 앞에서는 아무 의미도 없게 되었습니다. 그는 모든 것을 쓰레기와 장애물로 여깁니다. 바울로에게는 그의 영혼의 귀중한 진주이신 그리스도 앞에서는 이 모든 것이 쓰레기로 보였던 것입니다. "나에게는 모든 것이 다 장애물로 생각됩니다. …… 나는 그리스도를 위해서 모든 것을 잃었고 그것들을 모두 쓰레기로 여기고 있습니다. 그것은 내가 그리스도를 얻고……."

그러면 이 "모든 것"이란 무슨 뜻일까요? 바울로가 살았던 시대뿐만 아니라 현대의 물질 위주 시대에서는 많은 사람들이 그리스도를 얻기 위해서가 아니라 금과 은이나 영광과 권력 또 높은 직

위나 명예를 얻기 위해 노력합니다. 많은 사람들이 갖가지 향락과 유흥을 찾아 육체의 욕망을 만족시키려 합니다. 현대판 바알 우상인 섹스만능주의 앞에 신앙과 존경과 명예와 가족까지도 주저하지 않고 희생시킵니다. 뿐만 아니라 환락의 제단과 소비주의 사회의 우상인 금송아지에게 그들 자신의 불멸의 영혼까지도 바칩니다.

그러나 사도 바울로에게는 이 모든 것이 쓰레기입니다. 만약 그 누가 바울로에게 이 세상의 모든 부귀영화와 온갖 좋은 것을 제공하겠다고 했을지라도 바울로는 그리스도를 얻기 위해 이 모든 것을 거절했을 것입니다. 그는 전도여행을 시작한 그 당시뿐만 아니라 죽는 날까지 평생 동안 돈을 중요시 여기지 않은 사람이었습니다. 마지막 노년까지 그는 그리스도를 위해서라면 모든 것을 바칠 준비가 되어 있었습니다. 그의 말씀이 이러한 사실을 뒷받침해줍니다 : "나는 누구의 은이나 금이나 옷을 탐낸 일이 없습니다."(사도행전 20:33) 바울로께서는 또한 계속해서 놀라운 신앙고백을 합니다 : "주 예수를 위해서 나는 예루살렘에 가서 묶일 뿐만 아니라 죽을 각오까지 되어 있습니다."(사도행전 21:13)

그리스도를 얻는다는 것이 무슨 의미인지를 우리가 알아야 합니다. 한 인간이 그리스도를 얻는 것을 자신의 목적으로 삼는다면 그는 자신의 영혼을 얻게 됩니다. 자신의 육신을 극복하고 초라한 감각의 세계를 초월하며 자신에 대한 영적 지배권과 그리스도의 삶을 얻게 되는 것입니다. 이것은 영적으로 굉장한 소득입니다.

그러면 어떻게 이 위대한 영적 획득을 성공으로 이끌 수 있을까요?

1) 그건 조심스럽게 이 세상과 세상 생활을 봄으로써 가능해집니다. 이 세상의 사물이 헛된 것이며, 이 세상은 하느님의 거룩하신 뜻에 어긋나며, 그 뜻에서 멀리 떨어져 있으며, 복음사 요한이 요한 II서 2장 17절에서 기록했듯이 세상도 가고 세상의 정욕도 다 지나간다는 것을 우리는 깨달아야 합니다. 사도 바울로가 편지를 쓰기 천 년 전에 온갖 부와 영광을 누린 현자 솔로몬은 모든 것을 맛본 후에 "헛되고 헛되며 헛되고 헛되니 모든 것이 헛되도다"(전도서 1:2)라고 탄식했습니다. 진정 그리스도와 그리스도에게서 나온 것 이외에는 모든 것이 헛됩니다. 그러니 형제 여러분, 세상의 모든 것은 헛되다는 것을 알고 그리스도께서 주시는 영원한 영광과 기쁨과 행복을 믿읍시다.

2) 우리는 그리스도와 그리스도에게서 나온 것만을 선택해야 합니다. 바로 이것은 그리스도와 그분의 교회를 온 마음을 다 바쳐 사랑하는 것을 의미합니다. 이것은 또한 우리가 그리스도에게 충실한 것을 의미합니다. 자석에 달라붙은 쇠가 자석이 되듯이 우리가 신성한 자석이신 그리스도를 온 마음을 다 바쳐 사랑하고 그분께 충성하면 우리 자신 또한 그리스도의 자석, 사랑과 은혜와 전도의 자석이 될 것입니다. 형제 여러분, 그리스도의 자석이 되었습니까? 그리스도를 얻으셨습니까?

"주님과 함께 항상 기뻐하십시오."
(필립비 4:4)

　사도 바울로께서는 비참한 감옥으로부터 필립비 교회에 있는 그의 사랑하는 영적 자녀들에게 편지를 씁니다. 로마의 감옥에 오랫동안 갇혀 있었음에도 불구하고 그의 용기는 조금도 꺾이지 않았습니다. 그리스도 때문에 감옥에 수감된 사도 바울로께서 이처럼 기쁨과 희망에 가득 찬 편지를 쓰고 있다는 사실이 여러분에게는 이상하게 생각되지 않습니까? 주님께서 주신 기쁨에 여러분들은 항상 기뻐하십시오라고 사도 바울로께서는 필립비 사람들에게 요구하시며 게다가 "거듭 말합니다. 기뻐하십시오"라고 덧붙여서 말씀하십니다.

　그의 편지 전반에 흐르는 분위기는 영적인 기쁨입니다. 그의 유일한 소원은 자기 자신은 "살든지 죽든지 간에" 그리스도께서 승리하시는 것입니다. 그의 가장 큰 기쁨은 자신의 투옥이 복음전파에 방해가 되기는커녕 오히려 도움이 되고 있다는 사실입니다. 그러나 그가 이처럼 기뻐하는 더 큰 이유는 로마에 있는 그의 무덤 묘비에 금으로 새겨진 다음과 같은 문구에 더욱 잘 나타나 있습니다 : "나에게는 그리스도가 생의 전부입니다. 그리고 죽는 것도 나에게는 이득이 됩니다."(필립비 1:21) 사도 바울로께서는 자신의 기쁨도 자신의 이익도 취하지 않았습니다. 그의 모든 이익은 그리스도의 이익과 일치합니다. 그의 생명은 그리스도이기에 그는 죽음조차도 이득으로 생각합니다.

그러나 과연 끝없는 기쁨이 가능할까요? 오늘날과 같은 불안과 투쟁의 시대에 항상 기뻐하는 일이 있을 수 있을까요?

사도 바울로께서는 아무나 이 끝없는 기쁨에 초대하는 것이 아니라 자신과 닮은 사람을, 다시 말해서 육적인 삶을 살지 않으며 자기 자신 속에 살아계신 그리스도를 모시고 있는 사람만을 끝없는 기쁨에 초대하고 있는 것이라고 대 바실리오스 성인은 말합니다. 창조주와 이미 하나가 되었고 계속 즐거워하며 주님이 주시는 아름다움에 기뻐하는 사람은 육체적인 어떤 것에서 기쁨을 찾지 않습니다. 오히려 다른 사람들에게는 슬픔만을 안겨줄 일들에서 그는 더욱 큰 기쁨을 발견합니다. 사도 바울로는 바로 그러한 분이었습니다. 그는 슬픔과 질병과 박해와 걱정과 같은 다른 사람들을 불행하게 만들고 절망하게 만드는 역경 속에서도 기쁨을 느낀 것입니다.

그리스도교적인 기쁨은 초자연적인 힘으로써, 믿는 사람은 그 힘의 도움을 받아 고통에 대항해서 싸우고 또 그 고통을 누릅니다. 주님께서 우리에게 내리시는 슬픔들은 우리가 밟고 넘어지는 돌멩이들이 아니라 우리가 딛고 더 높은 곳으로 올라갈 계단들입니다.

따라서 우리가 어려움과 슬픔에 화합을 하고 그것들을 인내와 믿음으로 맞이한다면 그것들은 우리 인격을 고상하게 만드는 요소가 될 것입니다. 우리가 이렇게 할 때만이 성경에 나오는 "나는 고난 속에서 즐거워합니다"(사도 바울로)와 "형제 여러분, 여러 가지 시련을 당할 때 여러분은 그것을 다시없는 기쁨으로 여기십시오"(야고보서 1:2)와 같은 구절들의 진정한 의미를 알 수 있게 됩니다. 그리스도교의 위대한 업적은 바로 외부 상황으로부터 기쁨을 분리해낸 것이기 때문입니다.

기쁨은 꿈이 아닙니다. 기쁨은 아무 곳에서나 뿌리를 내리며 싹을 내는 식물이 아닙니다. 기쁨은 오히려 그리스도의 정원에 있는, 그의 교회에서 찾을 수 있는 현실입니다. 기쁨의 꽃은 깨끗한 양심 속에서만 꽃을 피웁니다. 기쁨이라는 단어는 복음 속에서 223번이나 나오며 복음은 우리의 양심에 풍족한 빛을 쏟습니다. 영원히 우리 기억에 남는 에브세비오스 마토풀로스 신부는 이렇게 분명히 쓰고 있습니다 : "복음은 기쁨에 넘쳐 있으며 복음은 그것을 받아들이는 모든 사람들에게 기쁨을 전해주며, 복음은 또한 그들을 절망과 슬픔에서 구해줍니다."

그리스의 유명한 시인 베리티스도 이렇게 기쁨의 찬가를 노래 부릅니다 : "우리의 기쁨은 썩지 않으며 사라지지도 않으며 늙지도 않도다."

그러면 어떻게 해서 복음의 기쁨을 체험할 수 있을까요? 그것은 우리가 진심으로 복음을 믿고 복음을 실천하고 또 "주님과 함께"라는 사도 바울로의 말씀에 주의하면 가능해집니다. 사도 바울로는 주님과의 밀착된 결합으로부터 기쁨을 끊임없이 끌어냈던 것입니다. 그래서 그는 모든 그리스도교인들에게 이렇게 요구하는 것입니다 : "주님과 함께 항상 기뻐하십시오. 거듭 말합니다. 기뻐하십시오."(필립비 4:4)

"무슨 일이나 …… 주님을 섬기듯이 정성껏 하십시오."
(골로사이 3:23)

사도 바울로께서는 주님 때문에 포로가 되어 감옥에 갇혀 있습니다. 그는 기원후 대략 61년과 62년 사이에 로마의 감옥으로부터 골로사이 사람들에게 그들이 일상생활에서 접하는 잡다한 문제들에 대해 충고를 하는 글을 씁니다. 그가 이 편지를 쓰고 있는 곳은 안락한 사무실이 아니라 온갖 쓰라린 시련을 겪고 있는 감옥인 것입니다. 사도 바울로께서는 노예 신분에 머물러 있는 그리스도교인들의 작업 문제를 언급하십니다. 그는 다른 편지에서는 "종이나 자유인이나 아무런 차별이 없습니다"(갈라디아 3:28)라고 노예제도 폐지를 선언하는 자신의 혁명적인 견해를 밝히고 있지만, 이 편지에서는 노예 신분인 그리스도교인들이 어떤 태도로 자신들의 일을 수행해야 하는가를 말씀하고 있는 것입니다. 그리하여 그는 무슨 일을 하든지 간에 사람을 섬긴다는 생각으로 하지 말고 주님을 섬기듯이 해야 한다고 골로사이인들에게 적어 보낸 것입니다.(골로사이 3:23)

1) "정성껏 하십시오." : 일을 할 때에는 노예근성으로 어쩔 수

없어서 하는 것이 아니라, 스스로 원해서 온 힘과 온 마음을 다해 해야 합니다. 성 요한 크리소스톰은 이 구절을 이렇게 해석합니다 : "정성껏 한다는 말은 호의를 가지고, 다시 말해서 어쩔 수 없어서가 아니라 자유와 의지를 갖고 진정 사랑하는 마음으로 하는 것을 의미합니다." 그러나 노예제도가 철폐된 오늘날에도 우리가 일을 하는 데에도 노예근성과 노예적인 사랑이 존재하고 있는 것은 매우 불행한 일이 아닐 수 없습니다.

공장이나 관공서에 가보면 이 사실을 어렵지 않게 찾아볼 수 있습니다. 상관이 곁에 가까이 있으면 직원들은 자율적인 노력은 전혀 없이 노예적인 근성으로 보다 요령껏, 보다 눈치껏 작업을 합니다. 그리고 계급이 한결 높은 상급자나 감독관이 오게 되면 작업의 리듬이 바뀌어 온통 그 사람의 마음에 들도록 열심히 일하는 시늉을 합니다. 고용주와 고용원 사이에 또 상관과 부하 사이에 성실성이라든가 상호 믿음 같은 것이 존재하는 것은 아주 드문 현상이 되었습니다. 바로 그렇기 때문에 위대한 사도 바울로께서는 아주 적절하게 이 사실을 강조하고 있습니다 : "무슨 일이나 …… 남에게 잘 보이려고 눈가림으로 섬기지 말고 주님을 두려워하면서 충성을 다하십시오."(골로사이 3:22-23)

그러면 어떻게 하면 이 폐단이 제거될 수 있을까요? 인간관계에 깊숙이 스며든 이 질병을 어떻게 하면 고쳐서 우리 각자가 "정성껏 일하는" 분위기가 조성될 수 있을까요? 이 중요한 질문에 대한 해답을 바로 사도 바울로께서는 그의 편지에서 두 마디의 말씀으로 우리에게 주십니다.

2) "주님을 섬기듯이" : 우리가 하는 모든 일은 그 일이 주님에 대한 봉사로 변형될 때 거룩해집니다. 이 문제를 좀 더 깊이 이해하기 위해서는 다음 두 가지 기본생각이 우리에게 도움이 될 것입니다.

a) 주님께서는 스스로 일을 하심으로써 노동의 수고와 노력을 거룩하게 하셨습니다. 만일 우리가 무슨 일이나 "주님을 섬기듯이" 한다면 우리는 주님의 생애에 참여하는 것이 됩니다.

이처럼 논밭이나 공장에서 행해지는 일은 모두 주님께서 이 세상에서 보내신 33년 동안에 하셨던 육체적인 노동에 우리가 참여하는 한 방법이 될 수 있습니다. 우리가 주님의 영광을 위해 바치면서 한 일이 주님께서 우리 구원을 위해 끊임없이 또 영원토록 하고 계시는 작업에 우리가 응답을 하고 참여하는 것이라고 말할 수 있습니다. 우리가 노동하는 것이 그리스도를 모방하는 하나의 방법이 됩니다.

b) 우리가 일하는 가운데, 우리가 두 손으로 작업을 하는 가운데, 우리는 하느님의 부르심을 받습니다. 거리를 쓰는 청소부의 직업에서부터 선교사의 직업에 이르기까지 모든 직업은 일종의 봉사이며 각자에게 하느님께서 맡기신 임무입니다. 따라서 우리가 일을 하면서 "주님을 섬기듯이 정성껏" 하면 할수록 우리는 우리에게 맡겨진 사명을 더욱 잘 이행하는 것이 됩니다. 그러므로 우리가 하는 일이 신성한 봉사이며, 사명이며 또한 주님의 생애에 참여하는 하나의 방법이라는 생각을 갖고 다 같이 각자의 일을 "정성껏" 행합시다.

일하는 가운데 우리 주님이신 예수 그리스도를 만납시다. 이 신성한 만남이 우리가 "주님을 섬기듯 정성껏" 일할 수 있도록 힘과 은혜를 줄 것입니다.

"하느님을 기쁘게 해드릴 수 있는 생활을 하도록"
(Ⅰ데살로니카 2:12)

　위대하신 사도 바울로의 권유는 마음속 깊은 곳에서 우러나옵니다. 그는 고린토에서 사랑하는 데살로니카 사람들에게 편지를 씁니다. 데살로니카 사람들에게 용기를 북돋아 주어 그들을 악마와 인간들의 함정으로부터 보호하기를 원했기 때문입니다. "거짓 사도들"과 "거짓 형제들"은 아주 일찍부터 그들의 모습을 나타냈습니다. 그래서 사도 바울로께서는 이 거짓 사도들과 거짓 형제들이 보여주는 부정적인 요소들을 그의 편지에 써야만 했던 것입니다. 부정적인 요소란 잘못된 생각, 불순한 동기, 속임수, 사람의 환심을 사는 것, 아첨, 탐욕, 허영심들입니다.(Ⅰ데살로니카 2:3-6)

　그러나 사도 바울로께서는 계속해서 진정으로 복음을 위해 일하는 사람들의 긍정적 요소에 대해 언급하십니다. 이 요소들은 사랑의 수고, 남을 위한 희생, 자기부정, 온유함, 정직함, 근면, 모성애 그리고 부성애입니다. 또한 여기에 흠잡을 데 없는 거룩한 행동이 첨가됩니다.(Ⅰ데살로니카 2:7-10) 이 모든 것들이 하느님의 사람의 영적인 속성을 구성합니다. 그러고 나서 사도 바울로께서는 "하느님을 기쁘시게 해드릴 수 있는 생활을 하라고" 강력하게 권

유하십니다.(Ⅰ데살로니카 2:12)

성경은 자주 그리스도교적인 삶에 대해 말할 때 "걷는다(생활하다)"라는 단어를 사용합니다. "걷는다"의 의미를 이해하기 위해서 구약에 나오는 이스라엘 백성의 역사를 생각해봅시다. 이스라엘 백성들은 에집트의 노예에서 벗어나 언약의 땅으로 가기 위해 홍해를 건넜으며 수많은 위험과 어려움을 겪으면서 40년 동안이나 광야를 걸어 나아갔습니다 : 그리스도교인들도 이와 마찬가지로 욕망의 나라에서 천상의 왕국으로 도착하기 위해서는 어려운 길을 지나고 또 걸어 나아가야 합니다. 이 길이 바로 그리스도교인의 삶이며, 그래서 주님께서도 자신을 "길"이라고 부르셨습니다.("나는 길이요 진리요 생명이다." 요한 14:6). 그리스도교적인 삶이란 특별한 생활양식인 것입니다. 이는 우리가 걸어야 하며 귀중하게 살아야 할 삶입니다. 이 "그리스도 안에서의" 삶은 죄인의 삶이나 세상사람들의 사고방식과는 아무런 상관이 없습니다. 이는 좁고 험하고 가파른 오르막길입니다. 우리가 이 길을 걷지 않으면 우리는 결코 우리의 영원한 고향인 하느님의 나라에 도착할 수 없는 것입니다.

그러면 과연 어떻게 하는 것이 하느님을 기쁘게 해드리는 생활일까요? 사도 바울로는 우리의 모범이 되시는 분이십니다. 따라서 우리는 그분을 닮으려고 노력해야 합니다. 모든 면에 있어서 그분을 모방합시다. 사도 바울로께서 10절에서 강조하신 것처럼 우리의 행동 하나하나가 경건하고 올바르고 흠잡을 데가 없도록 해야 합니다. 경건하고 의롭고 깨끗하게 살아야 하는 것입니다. 사도 바울로께서는 또 뒤이어 "하느님을 기쁘시게 해드릴 수 있는 생활을 하도록 권고하고 격려하고 지도했습니다"라고 말씀하십니다. 여기서 우리는 사도 바울로께서 그리스도교인들과 관계를 맺으면서 어떤 선도 방법을 사용하셨는가를 살펴봅시다. 그는 어떤 사람들에게는 하느님의 뜻을 행하도록 하기 위해 보장과 충고와 훈계를 했습니다. 또한 어떤 사람들에게는 위로를 해줌으로써 믿음 위에 서도록 도와주었습니다. 그러나 구원에 대해 관심이 없고 게으른 사람들에게는 엄하게 꾸짖는 어조로 말씀하셨습니다.

우리 다 같이 하느님의 은혜와 사도 바울로의 중보로 "그의 왕국과 영광으로 우리를 부르시는 하느님을 기쁘게 해드리는" 생활을 하도록 노력합시다. 하느님께서 우리를 부르시고 계십니다. 이 점을 깨닫고 하느님의 마음에 드시는 생활을 하도록 합시다. 하느님의 부르심에 응답하려는 우리의 노력 하나하나가 우리를 가치 있게 만들어줍니다. 사도 바울로께서는 문을 열고 우리에게 갈 길을 보여주신 것입니다.

인간관계에서 우리는 일을 맡기기 위해 우리를 부를 때 그 사람의 인품을 인정해줍니다. 그리고 그 사람이 어떠한 사람인가에 따라 우리의 반응은 달라집니다. 우리를 부르는 사람이 훌륭한 사람일 경우에는 우리는 그가 시킨 일을 꼭 해야 하겠다고 책임감을 느낍니다. 이처럼 우리는 "그의 왕국과 영광으로" 우리를 초대하신 그분을 자주 생각해야 할 필요가 있습니다. 그래야만 우리는 그분의 부르심이 얼마나 위대한 것인가를 깨닫게 되어 온 몸과 영혼을 바쳐 그 부르심에 응답하고자 하는 마음이 생길 것입니다.

"서로를 격려하고 도와주십시오."
(Ⅰ데살로니카 5:11)

　형제들은 항상 서로 돕습니다. 서로 돕는 것, 그리고 다른 사람을 보살펴주는 것이 진정한 형제애의 표현입니다. 사도 바울로께서는 교회의 일원이 됨으로써 서로 영적인 형제가 된 데살로니카 교인들에게 "서로 도와주십시오"라고 권유했습니다. 다시 말해서 서로가 다른 사람의 영적 향상을 위해 도움을 주고 노력하라고 하신 것입니다. 영적 투쟁을 도와주는 것이 상대방에게 해줄 수 있는 가장 큰 봉사입니다.

　우리는 우리 형제들이 영적으로 수많은 도움을 필요로 하는 것을 못 본 체할 수는 없는 것입니다. 그들에 대해 사랑의 빚을 지고 있기 때문입니다. 수많은 사람들이 절망과 고독 속에 빠져 있습니다. 오늘날 서로 도와줄 필요성이 그만큼 커진 것입니다. 우리 자신들이 남으로부터의 도움을 바라고 있지 않습니까? 그런데 어째서 남을 도와주는 것을 거부해야 할까요? 모두가 서로에게 똑같은 의무를 지고 있습니다. 서로가 서로를 도와줄 의무를 말입니다. 사도 바울로께서는 그리스도교적인 삶에서 어른과 아이, 배운 사람과 배우지 못한 사람, 신입생과 상급생을 전혀 구별하지 않습니다. 모든 사람들이 영적으로 향상해야 할 필요성이 있으며 모든 사람들이 서로에게 도움의 손길을 줄 수 있는 것입니다.

더군다나 남을 도와주려고 노력함으로써 우리는 우리 자신을 또한 도울 수 있다는 것은 잘 알려진 사실입니다. 남을 돕는 행위가 우리 자신을 고상하게 만들기 때문입니다. 이는 또 우리가 우리 자신을 초월하기 위한 투쟁을 하고 싶은 욕구를 느끼게 만듭니다. 그리하여 우리는 우리 자신의 약점까지도 극복하는 것입니다.

그러나 우리가 "서로의 영적 발전에 도움을 주기 위해서는" 다음의 세 가지 전제조건이 충족되어야 합니다.

1) 각 사람이 대단한 가치가 있다는 것을 인식해야 합니다. 우리 옆에 있는 다른 사람은 그 내부에 불멸의 영혼을 간직하고 있습니다. 영원히 죽지 않을 이 영혼을 위해 주 그리스도께서는 자신의 거룩한 피를 흘리신 것입니다. 그리고 주께서는 물질적인 세상의 모든 것을 합쳐도 영혼 하나만의 가치도 없다고 말씀하셨습니다. 그러니 각 영혼 앞에서 우리가 경외하는 마음으로 서지 않을 수가 있겠습니까? 그 영혼의 주인이 백인이든 흑인이든 아이든 남자든 여자든 상관없이 말입니다.

2) 무슨 일을 하든지 간에 사랑으로 해야 합니다. 왜냐하면 사람을 향상시켜 주는 것은 사랑이기 때문입니다.(Ⅰ고린토 8:1) 사랑이 영혼의 문을 열며, 사랑이 장애물을 제거합니다. 또한 사랑이 우리가 다른 사람들과 의사교환 하는 것을 도와주며, 사랑이 희생 정신을 불러일으킵니다. 그리고 남을 도와주는 데는 자주 희생이 요구됩니다. 시간적인 희생, 휴식의 희생, 심지어는 자기 권리의

희생 또는 자기가 좋아하는 것을 희생해야 합니다. 우리가 진정한 사랑을 갖고 있으면 우리는 언제나 우리 형제를 도울 것입니다.

3) 우리 자신의 영적 향상 또는 다른 사람의 영적 향상에 도움을 주는 일은 평화로운 분위기 속에서만 가능합니다. 소요와 소용돌이 속에 있는 영혼은 다른 사람에게 좋은 말 한두 마디조차 할 수 없으며 다른 사람으로부터 좋은 말을 받아들일 수도 없습니다. 우리가 도움을 주고받기 위해서는 우리 내부에 항상 영적인 조화가 이루어져야만 합니다. 바로 이런 이유로 사도 바울로께서는 "우리는 평화를 도모하고 서로 도움이 되는 일을 추구합시다."(로마서 14:19)라고 말씀하신 것입니다.

우리 시대에는 많은 것들이 무너지고 있습니다. 윤리관이 허물어지고 인간의 영혼은 약해지고 있습니다. 사람들은 멍한 채 살아가고 있습니다. 물질주의와 개인주의 때문에 황폐해지고 파괴된 이 시대에 영적으로 새로워질 필요성은 더욱 커졌습니다.

따라서 우리는 매일 다음과 같은 일에 세심한 주의를 기울여야 하겠습니다 : 나는 우리 형제, "그리스도께서 그를 위해 목숨을 바치신"(로마서 14:15) 그 형제를 위해 개인적으로 무슨 일을 도와주어야 하나?

"늘 기도하십시오."
(Ⅰ데살로니카 5:17)

  하느님과 자기 자신에 대해 좀 심각하게 생각하고자 하는 사람은 누구나 기도 없이는 인간은 살 수 없다는 사실을 곧 깨닫게 됩니다. 왜냐하면 우리 영혼은 선천적으로 그리스도교적이어서 우리를 구원해주실 하느님을 찾기 때문입니다. 그리고 기도는 우리 영혼을 그 근원이며 뿌리인 창조주와 친교를 맺게 해줍니다.

  사도 바울로께서는 기도하는 사람이었습니다. 그가 쓴 편지의 여러 구절에서 그가 기도를 통해 주님과 친교를 맺는 분위기 속에서 항살 살고 있었다는 사실이 나타납니다. 데살로니카 사람들에게 보낸 첫 번째 편지에서 사도 바울로께서는 놀라운 것을 쓰고 있습니다. 그들에게 부단히 그리고 쉬지 말고 기도하라고 권고하신 것입니다. "늘 기도 하십시오." 그러나 과연 이것이 가능할까요? 정교회의 위대한 작가 오리게니스는 우리의 삶 전부가 하나의 큰 기도가 되어야 하며 또 기도 후에는 우리가 하는 일이 우리가 드린 기도의 내용과 같아야 한다고 말합니다. 이렇게 우리의 삶 전체가 "기도하는 시간"이 될 때만이 우리의 인생은 진실로 참되어집니다. 왜냐하면 그리스도교인은 "자신의 권한을 자기가 갖

지 않고 하느님께 맡기기" 때문입니다.(이그나티오스 성인)

유럽의 한 학교에는 학생들이 끊임없이 살아있는 기도를 드리도록 하기 위해서 도서관 바깥에 큰 글자로 "공부하는 것은 기도하는 것이다"라고 써 놓았습니다. 또한 학교의 부속교회에는 "기도하는 것이 공부하는 것이다"라고 써 놓았습니다. 그건 아주 의미있고 중요한 것입니다. 그러니 여러분들도 앞으로 교회에 갈 때에는 기도가 올바르고 잘 되도록 주의하십시오.

따라서 우리의 매 순간이 기도의 순간이 되도록 하며 우리 인생에 일어나는 모든 사건들이 기도로 이루어지도록 하는 것에 아주 큰 의미가 있습니다. 이런 목적을 달성하기 위해서는 "예수의 기도"가 큰 도움이 됩니다. 우리가 예수의 이름을 믿음과 열정과 회개와 겸손으로 외칠 때 그 이름은 우리를 해방시키는 거룩하고 전능한 것이 됩니다. "주 예수 그리스도시여, 우리를 불쌍히 여기소서"라고 믿음으로 말할 때 우리는 마음속에 전능함이 깃드는 것을 느낍니다. 이건 이상한 일이 아닙니다. 그 전능함은 우리 자신의 힘이 아니라 우리 마음속에 오셔서 머무시는 그리스도에게서 나오기 때문입니다. 우리는 이것을 사도 바울로의 거룩한 삶과 계시적인 말씀 속에서 생생하게 봅니다 : "나에게 능력을 주시는 분을 힘입어 나는 무슨 일이든지 할 수 있습니다."(필립비 4:13)

"예수가 여러분 마음의 중심이 되게 하십시오. 예수가 여러분 혀의 기쁨이 되게 하십시오. 예수가 여러분의 머리에서 사라지지 않으며 항상 그분을 생각하도록 하십시오."라고 아토스 성산의 성인 니코디모스는 권유합니다. 한마디로 예수가 우리의 호흡이 되도록 합시다. 니코디모스 성인은 《영적 단련》이라는 책에서 이렇게 강조하고 있습니다 : "……예수를 끊임없이 연구하고 기억함으로써 우리는 나쁜 생각에서 벗어날 수 있을 뿐만 아니라 예수를 사랑할 수 있게 되며 기쁨으로 그의 계명을 행할 수 있게 됩니다. 우리는 절대로 어지러운 세상에 살고 있기 때문에 끊임없이 기도할 수는 없다고 말하지 맙시다. 사도 바울로께서 "늘 기도하십시오"라고 말씀하신 것은 수도사나 고행자들에게만 향한 것이 아니라 이 세상 모든 사람들에게 향한 말씀이었기 때문입니다."

"자신의 결백을 지키십시오."
(Ⅰ디모테오 5:22)

인간에 대해 경험이 많기 때문에 인간을 잘 알고 있는 사도 바울로께서는 그의 제자인 디모테오 주교에게 편지를 쓰면서 신도들을 인도하는 사목이라는 어려운 과업을 수행하는 데에 지혜와 현명으로 대처해 나가라고 지도합니다. 그는 디모테오에게 보내는 편지 끝부분에 장로들에 대해 조심해서 행동하라고 말하면서 "자신의 결백을 지키시오"라고 덧붙이고 있습니다. 다시 말해서 우리를 더럽히는 모든 것으로부터 자신을 깨끗하게 지키라고 하신 것입니다.

1) 우리 몸은 하느님의 성전이기 때문입니다. 우리 내부에서는 하느님의 발자국 소리가 울립니다. 우리 자신의 깊숙한 곳에 하느님께서는 머무시며, 걸어 다니십니다. 오늘날 얼마나 많은 영혼들이 길거리에서 낭비되고 있는지 모릅니다.

우리는 항상 정신을 바짝 차리고 우리의 결백을 지킴으로써 주님의 산 성전의 수효를 늘리도록 합시다. 우리 내부에 주님의 발자국 소리가 더욱 잘 들릴 수 있도록 합시다.

2) 우리는 주님께서 존재하심의 표시가 되기 때문입니다. 사람

들은 우리 얼굴에서 주님의 모습을 봅니다. 그러므로 우리가 자신의 결백을 잘 지키고 욕망의 소용돌이에 휩싸이지 않으며, 죄 많은 생활로 더럽혀지지 않도록 하는 것이 우리의 의무입니다. 우리의 인생이 허세나 과장된 두려움이 없는 단순하고 자연스럽고 순결함에 가득 차도록 하여야 하는 것입니다. 주님께서는 우리 영혼이 주님의 부활의 빛에 깨끗이 씻기어 명랑하고 순결한 것을 바라시지 결코 침울하거나 피곤한 것을 바라시지 않습니다. 그래야만 사람들은 주님께서 우리 안에 계심을 알아 볼 수 있는 것입니다.

그러면 과연 어떻게 하여야 이 위대한 과업을 성공적으로 이끌 수 있을까요? 성 요한 크리소스톰은 이 질문에 대해 다음과 같은 해답을 줍니다. "우리는 강한 정신력을 길러야 하며, 결코 눈을 감고 잠을 자서는 안 되며, 오래 기다려야 하며, 튼튼한 성벽을 쌓아야 하며, 항상 깨어 있고 용감한 보초가 되어야 하며, 여기에 그 무엇보다도 위로부터의 은혜가 있어야 합니다." 이처럼 우리가 결백의 기적을 경험하기 위해서는 두 가지가 요구됩니다. 그것은 위로부터의 은혜, 즉 우리의 영적 투쟁인 것입니다.

1) 결백을 지키려는 투쟁은 치열한 투쟁입니다. 그러나 이 투쟁은 우리 혼자서 하는 것이 아니라, 하느님께서 우리와 함께 참여하는 투쟁입니다. 순결은 멍에입니다. 그러나 순결의 멍에는 그리스도의 멍에이므로 편하고 즐겁고 유익합니다.(마태오 11:30) 순결은 짐입니다. 그러나 그 짐의 99퍼센트는 주님께서 드시므로 가볍습니다. 아리스토텔레스가 "인간관계를 지배하는 것은 환락이 아니라, 의지이다"라고 말한 사실을 잊지 맙시다. 우리의 의지가

그리스도에게 완전히 맡겨졌을 때 우리는 결백의 기적을 경험하는 것입니다.

2) 믿지 않는 사람들은 결코 이해할 수 없는, 신비로운 힘이 존재합니다. 이 힘이 바로 은혜라고 불립니다. 만약 지금으로부터 약 100년 전에 어떤 사람이 인간이 달 위를 걸어갈 수 있을 거라고 말했다면 사람들은 믿을 수 없는 일로 여겼을 것입니다. 왜냐하면 그 당시 사람들은 핵에너지의 힘을 알지 못했기 때문입니다. 그런데 불행히도 그리스도를 믿는다는 그리스도교인들 중에도, 은혜라고 불리는 이 초현실적인 힘을 알지 못하는 사람이 상당히 많습니다. 은혜란 교회생활을 잘하는 교인들에게 주어지는 큰 선물이며, 신성한 힘입니다. 그리하여 우리가 모든 것을 하느님의 은혜에 맡기는 법을 배우는 것이 중요합니다.

우리가 이 신성한 은혜를 간직하고 그 은혜를 증가시키기 위해서는 겸손이 요구됩니다. 겸손이라는 튼튼한 기초 위에 우리 영적 생활의 모든 건물이 세워져야 합니다. 그리고 겸손한 사람만이 결백이라는 보물을 지킬 수 있습니다. 오만한 사람들은 하느님의 은혜를 받지 못하므로 육체적인 죄에 빠지고 맙니다.

그러나 우리는 영적인 문제에서만 겸손할 것이 아니라, 육체적인 문제에서도 겸손해야 합니다. 많은 젊은이들이 자신의 "강한" 성격에 자만심을 품은 나머지 육체적인 유혹에 자기들은 절대로 빠지지 않는다고 큰소리를 칩니다. 이러한 오만한 사람들에 대해 아토스 성산의 니코데모스 성인은 이렇게 말하고 있습니다 : "여러분들은 절대로 자신을 믿지 마십시오. 구리에서 녹이 저절로 생겨나듯이 자만심에서 타락의 속성이 생겨나기 때문입니다."

　형제 여러분, 깨끗하고 순결한 마음을 갖기 위한 투쟁에는 그리스도의 은총이 우리에게 필요합니다. 이 투쟁은 그리스도를 중심으로 한 투쟁입니다. 무슨 일이나 언제나 그리스도를 중심에 모시고 그의 은총을 구합시다. 그래야만 우리는 승리할 수 있습니다.

'하느님의 일꾼인 그대는 이런 것들을 멀리하고"
(Ⅰ디모테오 6:11)

사도 바울로께서는 사랑하는 제자 디모테오에게 애정이 가득한 첫 번째 편지를 씁니다. 그는 편지 서두에서 디모테오를 "참된 믿음의 아들"이라고 부릅니다.(Ⅰ디모테오 1:2) 사도 바울로께서 디모테오를 처음 만난 것은 디모테오가 믿음 깊은 어머니 에브니키와 할머니 로이다와 함께 리스트라라는 고장에서 살고 있었을 때였습니다. 디모테오의 순진함과 경건함과 총명함이 사도 바울로의 마음에 들었습니다. 그리고 그는 사도의 기대를 저버리지 않았습니다. 디모테오는 하느님의 은총을 받아 천성적으로 사랑스러운 사람이었습니다. 눈만 보아도 하느님의 자녀인 것을 금방 알 수 있게 하는 사람들이 있습니다. 디모테오가 바로 그런 사람이었습니다. 그는 성경을 거의 다 외고 있었으며 그리스인이었던 그의 아버지는 높은 사회적 위치를 차지하고 있었습니다. 그리스인인 아버지 덕분에 디모테오는 그리스인들처럼 그리스어를 말하고 쓸 수 있었습니다. 첫째 편지의 끝부분에서 사도 바울로께서는 디모테오를 하느님의 사람이라고 부릅니다. "하느님의 일꾼인 그대는 이런 것들을 멀리하시오." 그리고 아버지처럼 다정하게 앞의 여덮 구절에서 언급한 여러 가지 죄악과 욕망을 멀리하라고 타이릅니다. 사도께서 디모테오를 하느님의 사람이라고 부른 것이 몹시 인상적입니다.

어째서 그렇게 불렀을까요? 우리 모두가 하느님의 사람, 하느님의 자녀, 하느님의 창조물이 아닌가요? 물론 그렇습니다.

그러나 우리가 하느님의 창조물이라고 해서 또 몇 가지의 욕망을 멀리하고 억제하고 있다고 해서 하느님의 사람이 되는 것은 아닙니다. 오히려 우리가 하느님과 개인적인 관계를 맺어야만 우리는 하느님의 자녀가 되는 것입니다. 이 점에 대해 성 요한 크리소스톰은 아주 적절한 말로 표현하고 있습니다 : "창조되었다는 이유만으로 모든 사람이 하느님의 자녀가 되는 것이 아니라 하느님과 친근한 관계를 맺은 정의로운 사람들만이 하느님의 자녀라고 불립니다." 따라서 사도 바울로께서 디모테오를 하느님의 사람이라고 부른 이유는 그가 하느님과 개인적으로 친근한 관계를 맺고 있었기 때문입니다. 하느님과 우리의 개인적인 관계가 참된 관계일 때 다시 말해서 사랑과 경배에 가득 찬 관계일 때만 우리는 구원을 받습니다. 하느님을 모시고 사는 생활이 우리 인간을 하느님의 사람으로 만듭니다. 영적인 삶을 사는 것이 하느님의 사람이 갖는 첫째 특성입니다.

영적인 삶이란 단순히 영적 문제에 관해 토론을 하고 또 이에 대해 감정적으로 외부로 표현하는 것이 아닙니다. 영적인 삶이란 죽음과 죄악을 불러오는 모든 악한 힘을 우리 내부로부터 말끔히 몰아내고 그리스도 안에서 우리가 새로워지는 것을 의미합니다.

우리 영혼이 신성화를 향해 나아가는 것이며 하느님의 모습을 닮으려고 힘쓰는 것입니다. 이 작업은 몹시 힘든 것으로 우리 영적 세계의 변모입니다. 따라서 우리가 몇 가지 덕을 행하거나 몇 가지 악과 욕망을 멀리한 것으로는 충분치 않습니다. 그랬다고 해서 우리가 "하느님의 사람"이 되지는 않습니다.

지금까지 우리가 얘기한 내용과 관계있는 좋은 예는 주님께서 말씀하신 그 유명한 열 처녀의 비유입니다. "어리석은 처녀들은" 덕이 아주 없었던 것은 아닙니다. 그럼에도 불구하고 그녀들은 신랑을 맞지 못했습니다. 그녀들이 가진 하느님과의 관계가 개인적이고 참되고 진실하지 않았기 때문에 그녀들은 동정을 지켰다는 큰 덕을 지녔음에도 불구하고 구원받지 못했습니다.

그러므로 우리 각자가 자신에게 이렇게 솔직하게 물어봅시다 : 1) 나는 진정 이런 의미에서 하느님의 사람인가? 2) 나는 진정 온 마음을 다해 하느님과 참된 관계를 가지려고 힘쓰고 있는가? 3) 성령의 선물을 얻기 위해 과연 나는 끊임없이 투쟁하며 부단히 주님께 애원하고 있는가?

형제 여러분, 오늘날 많은 사람들이 돈을 잘 버는 사람 또는 전문 기술자를 존경하며 하느님의 사람은 존경하지 않습니다. 그러나 전문기술자나 돈 많은 사람이 기쁘고 평화롭고 행복한 것은 아닙니다. 걱정과 불안이 그들을 조이고 그들을 괴롭힙니다. 걱정과 불안을 이기는 길은 오직 하느님의 사람이 되는 것입니다. 자, 우리 다같이 "하느님의 사람"이 되도록 합시다.

"믿음의 싸움을 잘 싸워서"
(Ⅰ디모테오 6:12)

사도 바울로의 이 말씀은 비단 디모테오를 향한 것일 뿐만 아니라 우리에게도 향한 말씀입니다. 그는 "믿음의 싸움을 잘 싸우라고" 우리 모두에게 요청하고 있습니다.

투쟁이란 인간이 어떤 일정한 목적을 달성하기 위해 끊임없이 노력하는 것을 의미합니다. 그리고 인간들이 얻고자 하는 목적이나 투쟁방법은 몹시 다양합니다. 부모들은 아이들을 위해, 아이들이 더 잘 살 수 있도록 해주기 위해 노력합니다. 학자들은 질병퇴치를 위해 또 우주 정복을 위해 애를 씁니다. 운동선수들은 좋은 기록을 내어 금메달과 은메달을 따기 위해 피나는 훈련을 합니다. 어떤 사람들은 미신타파를 위해 또 어떤 사람들은 얽매여 있는 백성들을 해방시키기 위해 그리고 독재정권을 무너뜨리기 위해 싸웁니다. 그런데 어떤 사람들은 마약을 퍼뜨리려 하고 또 무신론주의를 확립하려는 등 어둡고 끔찍한 목적을 달성하고자 합니다. 심지어는 이교를 선전하려고까지 합니다. 저 말썽 많았던 히틀러는 세계를 정복하기 위해 투쟁하였으며 《나의 투쟁》이라는 책까지 썼습니다.

그러나 그리스도교인이 하는 투쟁은 이 모든 투쟁과 다릅니다. 그리스도교인의 투쟁은, 그 속성이 다르고 지향하는 목적과 수단이 다릅니다. 그리스도교인의 투쟁은 영혼의 구원과 인간의 신성화라는 높고도 거대한 목적을 갖고 있습니다.

주님 자신께서도 이 거룩한 투쟁을 하라고 우리에게 요청하셨습니다. 주님의 말씀을 듣고 있던 어떤 사람이 "선생님, 구원 받을 사람이 얼마 안 되겠지요?"라고 주님에게 물었을 때 주님께서는 "사실 많은 사람들이 구원의 문으로 들어가려고 하겠지만 들어가지 못할 것이다. 그러니 좁은 문으로 들어가도록 있는 힘을 다하여라"(루가 13:24)라고 대답하셨습니다.

사도 바울로께서는 순교 당하는 마지막 순간까지 계속해서 열정을 가지고 "믿음의 싸움을 잘 싸우기" 위해 투쟁하셨습니다. 돌아가시기 며칠 전 사도께서는 감옥 속에서 디모테오에게 "나는 훌륭하게 잘 싸웠고"라고(Ⅱ디모테오 4:7) 편지를 썼습니다.

형제 여러분, "믿음을 위한 훌륭한 투쟁"이란 신앙과 불신앙 사이의, 빛과 어둠 사이의 강력한 싸움입니다. 이는 또한 평생의 투쟁입니다. 성 크리소스톰은 이렇게 기록하고 있습니다 : "이 세상을 살아가는 동안 내내 우리의 투쟁은 끝도 없으며 중단 되지도 않습니다. 그러기에 승리의 화환은 더욱 빛이 나며 바로 이런 이유로 사도 바울로께서는 우리를 항상 훌륭하게 무장시킵니다. 우리의 적은 항상 깨어 있으며 우리 인생은 끊임없는 전쟁의 연속이기 때문입니다."

우리가 평생토록 수행해야 하는 이 투쟁과 영적 전쟁에는 휴식도 없고 휴전도 없습니다. 이 투쟁은 영원히 계속되며 승리의 화환은 더욱 밝게 빛납니다. 그래서 바울로께서는 그의 편지를 씀으로써 이 투쟁 속에 있는 우리를 항상 격려하시고 우리를 영적으로 무장시키십니다.

"믿음의 싸움을 잘 싸우시오." 평생토록 희생까지도 감수하는 투쟁가들이 됩시다. 우리 영혼이 투쟁정신으로 끓어오르도록 합시다. 믿음을 위해, 정교회 신앙을 위해 투쟁합시다.

오늘날에는 수많은 이단자들과 거짓 스승들이 있습니다. 그래서 우리는 우리 형제들에게 투쟁정신을, 정교회 신앙을 전달해야 할 필요성이 대단히 큽니다. "젊음이란 쾌락을 위해 만들어진 것이 아니라 영웅적 행위를 위해 만들어졌습니다." 그렇습니다! 쾌락의 매력을 제칠 수 있는 것은 아마도 용감한 냉철성뿐일 것입니다. 순교자들과 성인들은 투쟁과 용기를 보여준 살아있는 본보기입니다. 우리에게는 투쟁정신과 용기가 필요합니다. 오늘날 이 정신은 그 어떤 것보다도 더 필요합니다.

> "마음이 깨끗해져서 꾸밈없이 형제를
> 사랑할 수 있게 되었으니
> 충심으로 열렬히 서로 사랑하십시오."
> (Ⅱ베드로 1:22)

사랑은 넓어집니다. 형제간의 우애는 새로운 귀중한 요소들에 의해 촉진되고 풍부해집니다. 형제애란 본래 형제간의 상호 사랑을 의미합니다. 그런데 신약성서에서는 이 형제애가 그리스도의 형제들, 다시 말해서 영적 형제 사이의 상호 사랑을 의미하는 특수한 의미를 취합니다. 교인들 사이의 다정함과 섬세함이 넘쳐흐르는 친교를 형제애는 의미합니다. 그래서 우리는 우리 마음이 서로 더욱 가까워지고 상호 믿음을 더욱 돈독히 하고 또 우리 사이의 친근감이 더욱 커지도록 힘써야 한다고 사도 베드로는 강조합니다.

그러면 어떻게 해야 우리가 이것들을 성공시킬 수 있을까요? 사도 베드로께서는 형제애를 특징짓는 세 가지 기본요소를 우리에게 제시하고 있습니다.

1) "꾸밈없는 형제애" : 말과 행동 사이에 차이가 있어서도 안 되며 외적 표현과 실제 의도 사이에 차이가 있어서도 안 됩니다.

사람들이 있는 곳에서는 칭찬을 하면서 본인들이 없는 곳에서는 비난을 해서도 안 되겠습니다. 위선적인 형제애는 결코 용납될 수 없습니다. 꾸밈없는 형제애는 위선이나 가장이나 불성실이나 모호함 등과 병행할 수 없습니다. 이것들은 모두 형제애를 좀먹는, 또한 우리 사이의 사랑의 결속력을 약화시키는 세균들인 것입니다. 우리의 사랑은 조건이 전혀 없는 "진실한" 것이어야 합니다. 소박하고 마음에서 우러나는 참된 것이어야 합니다. 사랑은 우리 영혼 속으로부터 저절로 넘쳐흘러 표현되어야 합니다.

2) "마음이 깨끗해져서" : 깨끗한 마음은 형제애의 필수적인 전제조건입니다. 뒷생각이 있어서도, 병적인 감정을 가져서도, 불순한 동기가 있어서도 안 됩니다. 의도적이어서도 안 되고 교활한 생각이 있어서도 안 되며 육욕적이거나 이기주의적이거나 이윤추구적이어서도 안 되는 것입니다. 형제애의 두 번째 특성은 깨끗한 마음, 순결한 자세와 감정이어야 합니다. 다시 말해서 자기만족적이어서는 안 되는 것입니다.

3) "충심으로 열렬히 서로 사랑하십시오." : 우리가 그냥 덤덤하게 서로 사랑하는 것으로 충분치 않습니다. 진정한 사랑이란 순간적이거나 편파적이거나 미지근하지 않으며 상황에 따라 변하지도 않습니다. 사고방식의 차이나 성격차이에 영향을 받는 사랑이란, 또 상대방의 약점이나 행동양식에 영향을 받는 사랑이란 아주 좁은 의미의 사랑입니다.

우리 그리스도교인들은 좀 더 위대한 방식으로 사랑합시다. "충심으로 열렬히" 강하고 뜨겁게, 쉬지 않고 끊임없이 서로가 서로를 사랑합시다.

 이런 사랑을 실현하는 것은 아주 높은 산꼭대기에 올라가는 것처럼 힘든 작업입니다. 어떻게 하면 이 꼭대기에 올라갈 수 있을까요? 과연 그게 가능할까요? 대답은 아주 간단합니다. 그 누구도 혼자서는 결코 이 사랑을 달성할 수는 없습니다. 교회 안에서 주님의 은총을 힘입어서만이 이 사랑을 실현시킬 수 있는 것입니다. 왜냐하면 사도 베드로께서 강조하신 것처럼 우리가 은혜를 받아 주님의 피가 우리의 양심을 깨끗하게 씻어주었으며 세례성사를 통해 다시 태어난 그 순간부터 우리 사이에는 영적으로 새로운 관계가 형성되었기 때문입니다. 같은 아버지와 같은 성령으로부터 새로 태어남으로써 우리는 서로 형제가 되었습니다. 우리는 같은 아버지의 자녀이며 같은 주님을 섬기는 종이며 교회라는 한 가족의 일원이며 주님의 뼈와 살로 이루어진 교회의 일원으로서 하늘나라 왕국을 얻기 위해 함께 걸어가고 있는 것입니다.

> "젊은이들이여, 여러분은 강하고,
> 하느님 말씀을 지니고 살며 악마를
> 이겨냈기 때문에 나는 이 편지를 씁니다."
> (요한1서 2:14)

　사랑의 요한 복음사께서는 젊은이들을 높이 평가하는 글을 그의 편지에서 쓰고 있습니다. 그는 젊은이들을 질책하지도 않으며 요즈음 많은 사람들처럼 젊은이들을 비난하지도 않습니다. 오히려 그는 투쟁 중에 있는 젊은이들을 격려하면서 젊은이들은 육체적으로뿐만 아니라 정신적으로도 강하다고 확실하게 말합니다. 그는 젊은이들이 악마를 이겨냈다고 단언함으로써 젊은이들의 노력에 용기를 불어 넣어줍니다.

　경험이 많은 사도 요한께서는 젊은이들이 언제나 성인 어른들보다 유혹을 쉽게 받는다는 것을 잘 알고 있었습니다. 유혹은 젊은이들을 더 괴롭히며, 그들이 빠지기 쉬운 함정을 파며 그들이 속기 쉬운 계략을 사용하는 것입니다. 바로 그렇기 때문에 사도 요한께서는 젊은이들에게 이 보이지 않는 전쟁에서 그들이 연약하게 아무 무기도 없이 보호받지 못한 채 있는 것이 아니라는 사실을 상기시키면서 젊은이들은 하느님 말씀을 지니고 살기 때문

성서의 메아리_137

에 싸움은 이미 판결이 났으며 주님께서 승리를 하셨으므로 젊은이들은 강하다고 큰소리로 외치시는 것입니다. 하느님의 말씀이 보물처럼 들어있는 젊은이들의 마음속 싸움터에서는 주님께서 승리자입니다.

젊은이들이 이 싸움에서 이기게 된 비결은 바로 하느님의 말씀입니다. 그들은 하느님의 말씀을 간직하고 있기 때문에 강하며 또 악마를 이겨낸 것입니다. 젊은이들은 성경을 공부하며 성경 속의 성스러운 진리를 알며 또한 주님의 이 율법은 그들에게 있어서 마르지 않는 샘입니다. 성경의 말씀은 힘과 생명의 샘이며 아무리 강한 적도 쳐부술 수 있는 강력한 무기가 저장된 무기창고입니다. 바로 그래서 하느님의 말씀을 간직하는 젊은이들은 악마의 군대와 술책을 쳐부수는 것입니다.

우리는 이제 자기 자신을 판단해보는 중대한 질문을 스스로에게 던져야 하겠습니다. 우리는 과연 하느님의 말씀을 생명과 힘의 근원이 되는 영원한 샘으로 생각하고 있습니까? 하느님의 말씀이 우리 안에 생생하게 살아 강력한 힘으로 작용하여 우리가 어두움을 누르고 현대의 이단과 악마를 물리칠 수 있게 해줍니까?

불행히도 요즈음 많은 젊은이들이 죄를 짓고 악마에게 협조하는 것을 당연한 일로 생각합니다. 심지어는 하느님의 말씀과 아주 관계를 끊는 사람도 있습니다. 이런 젊은이들은 운동경기에 이기고서 좋아하지만, 사실 그들은 영적인 경기에서는 패배자이며 악마의 노예입니다. 또 어떤 젊은이들은 악마의 힘을 무서워한 나머지 겁쟁이가 되어 우유부단하기까지 합니다. 이런 젊은이들은 싸우고 노력하기는 하지만 하느님의 말씀으로 완전 무장되어 있지 않으며 개선을 위해 애를 쓰지만 사령관이신 예수를 절대적으로 신뢰하지도 않습니다.

이디오피아인 모세가 아직 젊은 나이로 고행생활을 갓 시작했을 무렵 육체적인 욕망으로 인해 심히 괴로움을 겪었습니다. 견디다 못한 그는 고백성사를 하려고 영적 아버지인 이시도로스 성인을 찾아갔습니다. 성인은 그의 말을 주의 깊게 듣고는 그에게 몇 가지 충고를 하더니 다시 돌아가서 고행생활을 계속하라고 말했습니다. 그러나 모세 수도사가 돌아가면 다시 육욕의 불길이 타오를까봐 주저하자 영적 아버지 이시도로스 성인은 젊은 고행사의 손을 잡고 자기 은신처의 위쪽에 있는 조그만 방으로 데리고 갔습니다. 그리고 서쪽을 가리키며 "저길 보아라"라고 말했습니다. 그러자 서쪽에 활시위를 당긴 채 전쟁준비가 완료된 악한 영들이 한 부대가 있는 것을 보고 모세 고행사는 깜짝 놀랐습니다. 이시도로스 성인은 이번에는 "이제는 동쪽을 보아라. 그곳에는 군대식으로 열을 선 수많은 천사단이 악마를 무찌르기 위해 있지 않으냐"라고 말했습니다. "이 모두가 투쟁자들을 돕기 위해 하느님께서 보내신 천사들이란다. 우리를 수호하는 천사들의 무리가 우리의 적의 수효보다도 월등히 우세한 것을 너도 보지?" 성인을 이렇게 덧붙였습니다. 모세 고행사는 이 놀라운 사실을 보여주신 하느님께 진심으로 감사를 드리며 투쟁을 계속하기 위해 자기 은신처로 돌아왔습니다.

형제 여러분, 여러분들은 하느님의 말씀과, 예수 그리스도의 은혜와, 천사단과 순교자들과 성인들의 중보로 "악마를 이겨냈습니다."

"나의 사랑하는 자녀 여러분 우상을 멀리 하십시오."
(요한1서 5:21)

복음사 요한의 예언적인 눈은 세상을 관찰합니다. 그는 자기 시대뿐만 아니라 앞으로 다가올 시대의 현실을 눈앞에 훤히 보고 있습니다. 사방에 수많은 우상들이 높이 세워지는 것을 그는 보는 것입니다. 그의 가슴은 심하게 뛰고 사랑으로 가득 찬 그의 영혼은 심히 괴로워합니다. 수많은 그리스도교인들이 그리스도를 경배하는 것이 아니라 우상을 숭배하고 있기 때문입니다.

그래서 그는 그의 첫 번째 편지를 "나의 사랑하는 자녀 여러분, 우상을 멀리 하십시오"라고 그 앞의 내용과는 좀 동떨어진 구절로 끝을 맺습니다. 죄 많은 세상의 수많은 우상들로부터 멀어지라고 그는 그리스도교인들에게 부탁하는 것입니다.

우상이라는 말을 들으면 우리는 먼저 올림포스의 신들과 초기 그리스도교 시대의 가짜 신들을 생각하게 됩니다. 초기 그리스도교인들은 치열한 투쟁을 벌였으며 그들이 흘린 피는 강을 이루었습니다. 수백만의 순교자들이 자신들의 생명을 바쳐가면서까지 그 당시 사람들이 경배하고 숭상하던 우상들을 뿌리뽑았던 것입니다. 예수 그리스도께서도 우리를 우상으로부터 해방시키기 위해 이 세상에 오셨으며 십자가에 못박혀 돌아가셨다가 다시 살아나셨습니다.

자, 이제 우리 시대를 보도록 합시다. 불행히도 오늘날까지도 우상은 여전히 존재합니다. 오늘날의 우상은 옛날의 우상과는 전혀 그 모습이 달라 몹시 현대적입니다. 옛날 사람들은 자신들의 종교로 우상을 섬겼습니다. 그러나 오늘날의 사람들은 종교로서가 아니라 단순히 우상으로 어느 특정 인물을 섬기고 있습니다. 그게 어떤 우상들일까요? 오늘날 젊은 학생들의 책이나 공책이나 방을 한번 보십시오. 그들의 책이나 공책의 빈 공간에 어떤 이름이 쓰여 있거나 어떤 인물의 모습이 그려져 있는 것을 보실 것입니다. 인물들이란 다름 아닌 가수, 영화배우, 축구선수들입니다. 일부 청소년들의 방에는 배우나 마이크를 손에 든 가수나 광적인 자세로 춤을 추고 있는 댄서의 사진들이 빽빽이 벽면을 장식하고 있어서 성화 한 장 붙일 틈이 없는 경우도 있습니다. 이 모든 것이 다소 과장된 얘기라고 생각하는 분이 있을지도 모릅니다.

그런 분들은 각 시대의 거울이라 할 수 있는 신문을 한번 보십시오. "록음악의 제왕의 죽음에 대한 히스테리. 엘비스 프레슬리를 숭배하는 약 8만 명의 사람들이 얼마 전에 죽은 그들의 우상을 마지막으로 한 번 더 보기 위해 줄을 서고 기다리고 있다가 인파에 밀려 세 명이 목숨을 잃었고 네 명이 부상당했다. …… 시체를 훔쳐가려고 시도한 사람들이 있었으므로 경찰은 하루에 200달러를 지출하면서 멤피스에 있는 포레스트 힐 묘지의 경비를 강화했다. 록 세계의 왕이며 우상이었던 프레슬리를 기념하는 8M 높이의 무게 50톤짜리 청동상을 세우기 위한 자선모금이 시작됐다."

오늘날 세상은 여러 종류의 우상으로 가득 차 있습니다 : 금송아지, 안락의 우상, 돈, 몹시 자연스럽고 필수적인 것으로 숭상되고 있는 섹스, 유행, 매스컴, 영화가 우상화되어 가고 있습니다. 인류의 대부분이 단지 이런 것들로부터 자양분을 취하고 있습니다.

게다가 얼마 못가서 사라지고 말 육체적 아름다움만을 유일한 자산으로 지닌 배우나 가수나 모델들을 신으로 숭배하는 분위기가 점차적으로 확산되어가고 있습니다.

괴상하기만 한 외국적 사고방식의 모방도 악영향을 끼칩니다. 그리고 한 문화의 기본이 되고 바탕이 되었던 전통이나 풍습에 대한 무관심 역시 악영향을 끼칩니다. 이 모든 것들이 무서운 질병을 초래하는 보이지 않는 세균처럼 공중을 떠다니고 있습니다. 그리고 인간의 가슴 속에 우상을 위한 제단을 세우고, 세례성사와 함께 우리 마음속에 축성된 살아계신 그리스도의 성전을 황폐화시킵니다.

유일한 진리라는 황홀한 포도주를 맛본 우리 교인들은, 길이며 생명이신 그리스도를 안 교인들은, 이 시대의 우상 앞에 무릎을 꿇을 이유가 없습니다. 따라서 우리 다 같이 세상의 온갖 우상을 거부하고 신랑이신 그리스도께 우리의 영혼을 온통 맡깁시다. 그리스도께서는 교회의 신랑이시며, 믿는 사람 각자의 신랑이십니다. "나의 사랑하는 자녀 여러분, 우상을 멀리 하십시오."

Ⅲ. 축일에 대한 주제

1) 성탄절

"주는 당신 백성을 구해내시고"
(시편 111:9)

칠흑 같은 어두움이 세상을 덮고 있었습니다. 인간들은 하느님을 알지 못한 채 공포에 떨며 미신에 빠져 있었습니다. 온 백성이 "죽음의 그늘 밑 어둠 속에"(루가 1:79) 살고 있었던 것입니다. 문명인이나 비문명인이나, 교육을 받는 사람이나 받지 못한 사람이나, 도시인이나 정글에 사는 미개인이나, 자유인이나 노예이나, 모든 사람들이 타락에서 해방되기를, 악몽 같은 죄에서 벗어나게 되기를 간절히 바라고 있었습니다. 각 사람의 입에서는 "나는 과연 비참한 인간입니다. 누가 이 죽음의 육체에서 나를 구해 줄 것입니까?"(로마서 8:24)라는 절규가 터져 나오고 있었습니다.

어떠한 제사도 어떠한 봉헌물도 인간들에게 구원을 가져다주지 못했습니다. 어떠한 인간도 어떠한 철학자도 구원을 가져오지 못한다는 사실에 절망한 인간들은 눈에 눈물을 가득 머금은 채 하늘로부터 구원이 내려오기만을 갈망하고 있었던 것입니다. 하느님께서는 반드시 이 땅의 인간들에게 해방의 선물을 보내 주실 거라고 이제는 모든 사람이 확신하고 있었습니다.

"주여, 일어나소서, 도와주소서. 당신의 이름으로 우리를 구해

주소서"(시편 44:26)라는 기도가 수많은 입으로부터 흘러 나왔습니다.

그리하여 "때가 찼을 때 하느님께서 당신의 아들을 보내시어 여자의 몸에서 나게 하시고 율법의 지배를 받게 하시어 율법의 지배를 받고서는 사람들을 구원해내시고 또 우리에게 당신의 자녀가 되는 자격을 얻게 하셨습니다."(갈라디아 4:4-5) 때가 차서 계획하신 대로 적절한 시기가 되었을 때 하느님께서는 하늘로부터 자신의 아들을 이 세상에 보내신 것입니다.

사랑의 하느님께서는 어떤 방법으로 구원을 우리에게 보내셨을까요? 첫째 탄생으로, 둘째 구유에서, 셋째 구세주와 해방자가 되신 갓난아기로, 넷째 자신의 아들이 엄청난 굴욕을 겪게 함으로써, 우리에게 구원을 보내셨습니다.

하늘과 땅의 주인이신 주님께서는 그 당시의 대도시인 로마나 아테네나 예루살렘 같은 곳에서 태어나시기를 원하지 않으셨습니다. 그분께서는 베들레헴이라는 아주 작고 보잘것없는 시골을 고르셨으며 베들레헴에서도 그럴싸한 집의 좀 편안한 방이 아니라 말들의 먹이통인 구유를 고르신 것입니다.

베들레헴과 구유 없이는 우리가 구원의 신비를 이해하고 깨닫는 것이 불가능합니다. 또한 베들레헴과 구유가 우리에게 머리를 숙이고 겸손해지며 베들레헴의 겸손한 정신을 받아 우리의 생애를 살아가라고 호소합니다.

성탄절 밤에 모든 사물들이 복종과 겸손의 신비에 대해 우리에게 수많은 얘기를 들려줍니다. 말씀이신 주님께서는 동정이신 성모님(테오토코스)의 자궁 속에서 아홉 달이나 겸손하게 갇혀 지내시며 육신을 취하셨습니다. 이러한 신비는 결코 인간의 두뇌로는 상상할 수 없는 것입니다. 왜냐하면 그때까지 인간들은 하느님을 내적인 사건으로 겪어보지 못했으며 그때까지만 해도 하느님은 인간의 내부에 계시지 않고 바깥에 계시면서 인간들과 대화를 나누셨기 때문입니다. 오늘 저녁 베들레헴의 구유에서 바로 그 하느님께서 창조의 온갖 법칙에 복종하신 채 엄청난 굴욕 속에서 다시 태어나십니다.

주님께서는 계속 내려오고 있습니다. 하늘에서 땅으로 베들레헴으로 구유로 그리고 나사렛으로 내려오십니다. …… 주님은 몸을 숙이시고 제자들의 발을 씻어 주십니다. 그리고 십자가에 못박히시는 겸손의 극치에 도달하십니다. 주님께서는 천사들과 대천사들의 군대를 이끌고 내려오시어 세상을 지배하실 수도 있었건만 그분께서는 겸손의 길을, 구유에서 십자가에 이르는 길을 택하셨습니다.

형제 여러분, 우리는 과연 이 해방을 맛보았습니까? "주는 당신 백성을 구해내시고" 해방을 맛봄으로 자유롭게 된 우리 교인들은 구세주를 마음껏 찬양하며 철야를 합시다. 그러나 해방을 맛보지 못한 분들은 "구원받지 못한 종들은 깨어나 자유를 누리십시오. …… 주님이 태어나신 구유 속에서 여러분은 크나큰 해방을 찾을 것입니다"라는 구유의 소식, 한 시인의 메시지에 귀를 기울이십시오.

기계문명과 욕망과 이기주의에 얽매어 있는 21세기의 청소년들이여, 자만과 이기주의의 쇠사슬을 끊어버리십시오. 겸손이 우리가 타고 날아 올라가 해방의 나라에 들어갈 수 있게 해주는 우주선입니다.

"처녀가 잉태하여 아들을 낳고"
(이사야 7:14)

위대한 예언자 이사야는 그리스도께서 태어나시기 약 800년 전에 이미 "처녀가 잉태하여 아들을 낳고"라는 예언적인 말을 남겼습니다. 인간의 두뇌로는 도저히 상상할 수 없는 방법으로 동정녀가 아들을 낳으리라는 것이었습니다. 그리고 정말 그의 말대로 찬바람이 부는 어느 고요한 밤에 베들레헴이라는 아주 조그만 마을 한 마구간에서 동정녀 마리아는 하느님의 아들을 낳으셨습니다. "하느님의 아들이 동정녀의 아들이 되도다." 이처럼 만물의 하느님이시며 전능하신 우리 주님은 떠들썩하지 않고 조용하게 이 세상에 오셨습니다.

매년 이 때가 되면 교회는 주님이 오신 이 큰 사건을 위해 준비를 하라고 우리에게 부탁합니다. "교인들이여, 구세주의 생신을 맞을 준비를 합시다." 그러면 우리는 이 세상의 구원이라는 사건을 맞아들이기 위해 영적으로 어떤 준비를 해야 할까요?

성탄절이 되면 어른과 아이 구별 없이 우리들은 모두가 물질적으로 여러 가지 준비를 합니다. 그러나 구유와 같은 우리 영혼을 위해서는 우리는 어떤 준비를 해야 할까요?

동정녀 마리아께서는 그녀의 거룩한 본보기로 우리에게 이 문제에 대한 해답을 주십니다. 깊은 침묵 속에서 동정녀께서는 구세주의 탄생의 순간을 위해 자신을 준비하셨습니다.

아홉 달 전에 동정녀께서는 하느님의 아들을 낳을 것이라는 전갈을 대천사장으로부터 전해 받았습니다. 그 소식을 전해 듣고도 그녀는 자신의 생활양식을 조금도 바꾸지 않았습니다. 전처럼 여전히 침묵 속에서 소박하고 겸손하게 자신의 삶을 살았습니다. 신비로운 사건 앞에서 그녀는 황홀감에 휩싸인 채 조용히 입을 다물었습니다. 그리고 소리 없이 성스럽고 경외에 가득 찬 마음으로 앞으로 다가올 큰 사건을 맞이하기 위해 영적으로 준비를 했습니다. 이것이 바로 우리가 배워야 할 교훈입니다. 하늘의 전갈을 듣기 위해서는 우리도 이처럼 끝없는 고요함과 침묵 속에서 영적으로 준비해야하는 것입니다. 그리고 이렇게 해야 할 필요성은 우리 모두에게 지극히 절박한 상태입니다. 왜냐하면 우리는 외적인 표현이 넘쳐흐르며 기계와 소란과 소음의 시대인 21세기에 살고 있기 때문입니다. 매일같이 소음이 우리 귀를 따갑게 때리고 휘황찬란한 그림들이 우리 눈을 휘둥그렇게 만듭니다. 너무나 많은 생각과 감정들이 우리 영혼을 꽉 채우고 포화상태로 만들어 우리를 무기력하게 합니다.

따라서 우리가 영적으로도 금식을 하는 것이 절실히 필요합니다. 우리 영혼을 피곤하게 하는 소음과 소란, 떠들썩한 현상으로부터 우리는 멀어져야 합니다. 동정녀께서 하셨던 것처럼 우리도 깊은 침묵과 깊은 생각에 잠겨 항상 깨어 있으면서 밤의 파수꾼처럼 불침번을 서야 합니다. 무관심과 허무주의와 무정부주의와 무신론이 판을 치는 별 없는 밤과 같은 캄캄한 이 세상에서 자지 않고 지키는 의무를 우리가 짊어지는 것입니다. 이처럼 우리가 철야를 하고 침묵을 지키는 것을 그분께서는 결코 못 본 체하시지 않습니다. 동정녀의 아들이시며 하느님의 아들이시며 모든 것을 다 알고 계시며 자신을 찾는 사람들에게 왕국을 주시는 그분께서는 우리의 노력에 대해 반드시 보답해주십니다.

자, 이 위대한 사건 앞에 우리 모두 침묵을 지키며 깨어 있읍시다. 기도하는 자세로, 신비로운 성사에 진정으로 접근하는 자세로, 조용한 베들레헴에서 태어나신 그분께 말없이 다가갑시다.

"침묵을 그 무엇보다도 더욱 사랑하십시오. 침묵은 인간의 혀로는 도저히 설명할 수 없는 덕을 결실로 가져오기 때문입니다"라고 아바스 이사악 성인은 말합니다. 침묵의 왕국에서는 우리 영혼이나 생각이 두 갈래 세 갈래로 갈라지지 않으며, 침묵이 우리 인간들을 하느님께 접근시켜 하느님과 일치하도록 신비로운 작용을 하는 것입니다.

> "그 이름을 엠마누엘이라 하리라. 엠마누엘은 하느님께서 우리와 함께 계시다는 뜻이다."
> (마태오 1:23)

금년에도 다시 예언자 이사야의 예언이 진실이었음이 입증되는 시기가 왔습니다. 그리스도께서 태어나시기 800년 전에 이사야 예언자는 "전능하신 하느님"께서 어린아이의 모습으로 이 땅에 오실 것이며 그 이름은 엠마누엘이라 불리리라는 것을 예언했었습니다. 이 엠마누엘이라는 이름은 우리 인류에게 기쁜 소식을 전해주는 매우 뜻 깊은 이름으로써 그 의미는 하느님께서 우리와 함께 계시다는 뜻입니다.

엠마누엘. 하느님께서 우리와 함께 계시다. 엠마누엘은 모든 인류가 간절히 바라던 소원이었습니다. 오랜 세월동안 인류는 구세주를 기다렸습니다. 사람들은 거짓과 타락 속에 사는데 지쳐버렸던 것입니다. 수 세기가 흘렀고 사람들은 "창조주가 아니라 창조물을 경배하고 있었습니다." 뱀, 고양이, 나무, 돌 같은 온갖 창조물들이 인간들의 숭배 대상이 되었습니다. 그러나 인간들의 영혼은 텅 비어 있었습니다. 그들의 양심은 죄의 무게로 떨리고 있었으며 그들의 마음은 차갑게 얼어 있었습니다. 그 무언가를 인류는 찾고 있었던 것입니다. 그래서 그들은 고심 끝에 아테네에 "알지 못하는 신"에게 바치는 제단을 지었습니다. 그리고 기다렸습니다. ……

때가 차자 차가운 어느 날 밤 드디어 구세주께서 베들레헴에서 태어나셨습니다. 수 세기에 걸쳐 수많은 세대가 기다렸던 바로 그분이 오신 것입니다. 그분은 옛날 시나이 산에서처럼 번개와 천둥과 함께 오신 것이 아니라 조용히 소리 없이 겸손하게 오셨습니다. 엠마누엘께서, 세상의 구원자께서, 보잘 것 없는 구유에서 태어나신 것입니다.

그러나 세상을 구원하러 오신 그분을 우리 자신의 구세주로 영접하고 그분이 태어나신 구유에 다가가기 위해서는 다음 세 가지 전제조건이 충족되어야 합니다 :

1) 깨끗한 영혼 : 하느님의 사랑의 성사 속에서 우리의 영혼이 깨끗하게 정화되어야 합니다. 고백성사를 드리고 하느님의 용서의 빛에 우리 영혼이 티 하나 없이 깨끗하게 씻겨야 합니다. 거룩하시고 죄 없는 그분께서는 죄 많고 더러운 영혼 속에 거주하실 수 없기 때문입니다. 따라서 구세주를 우리 안으로 모셔 들이기 위한 첫째 전제조건은 고백성사를 통해 우리 영혼을 죄로부터 말끔히 씻어내는 것입니다.

2) 용서하는 마음 : 우리 사이에 또는 친척이나 이웃 간에 의견차이나 오해가 있거나 사이가 서먹서먹해졌거나 서로 증오하는

사이가 됐을 때에는 용서로써 이러한 감정들을 지워야 합니다. "네 형제와 화해하라"고 주님께서는 권고하셨습니다. 또한 주님께서는 자신을 십자가에 매단 사람들을 용서하심으로써 우리에게 거룩한 본보기를 십자가 위에서 보여주셨습니다. 따라서 어떠한 적도, 어떠한 고집도, 어떠한 증오도, 어떠한 차가움도 우리 마음속에 남아있지 않도록 해야 합니다.

 3) 진정한 사랑 : 우리가 가장 작은 형제 하나도 사랑하지 않는다면 어떻게 주님을 영접할 수 있겠습니까? 주님께서는 금이나 유향을 원하시는 것이 아니라 사랑을 원하십니다. 그리스도교 시인 중의 한 시인은 이러한 진리를 아주 훌륭하게 표현하고 있습니다 :

  "향 대신에 순결한 생각을
  초 대신 사랑하는 마음을 준비하십시오."

 우리 주위에는 굶주리고 괴로움을 당하고 추위에 떠는 주님의 형제들, 우리의 형제들이 많이 있습니다. 병원이나 요양소에서는 수많은 그리스도의 형제들이 우리의 사랑을 기다리고 있습니다. 우리는 과연 이 고통 받고 있는 형제들을 위해 무엇을 해야 할까요?

 앞에서 열거한 사실들을 염두에 두고 신성한 열정과 갈망하는 마음으로 거룩한 구유에 다가가 구세주이신 엠마누엘께 경배를 드립시다.

"어서 베들레헴으로 가서"
(루가 2:15)

 목자들이 밤을 세워가며 양떼를 지키고 있을 때 주님의 천사가 그들에게 나타나 "오늘 밤 너희의 구세주께서 다윗의 고을에 나셨다. 그분은 바로 주님이신 그리스도이시다"(루가 2:11)라고 말했습니다. 너희를 구원하실 구세주 그리스도께서 오늘 태어나셨으니 너희는 가서 그분께 경배하라. 여기에서 그리 멀지않은 다윗의 마을 베들레헴에 그분은 계신다고 천사들이 기쁜 소식을 전하자 목자들은 입을 모아 "어서 베들레헴으로 가보자"라고 말했습니다.

 형제 여러분, 그러나 우리가 베들레헴으로 가서 갓난아기를 보고 그분께 경배를 드리기 위해서는 우리는 밖으로 나가 행진을 해야 합니다. 행진 없이는 "베들레헴으로 갈" 수가 없는 것입니다. 우리 자신으로부터 벗어나야 하고, 우리 집으로부터 벗어나야 하며, 이교도를 숭상하는 나라에서 벗어나야 하며, 죄의 세계에서 벗어나서 약속의 땅으로 행진해 가야 합니다. 박사들도 이러한 행진을 하지 않았습니까?

 성탄절이란 신속한 행진입니다. 천천히 게으름을 피우거나 늦

장을 부리거나 하지 않고 신속하게 "베들레헴으로 가는" 것입니다. 선량한 목자들은 "곧 달려가서 마리아와 요셉과 구유에 누운 아기를 보았습니다." 우리 영혼을 거룩한 구유로 데려 가는 행진은 신속하게 되어야 합니다. 그분을 만나고 싶은 열망으로 가슴이 두근거리고 맥박은 뜨겁게 뛰고 기쁨이 마음속을 가득 채운 채 우리는 뛰어가 그분 곁으로 다가가야 하는 것입니다. 우리 영혼이 갈망하고 기대하던 그것을 충족시켜주신 그분께 가까이 가는 것입니다. 진정 성탄절은 우리 자신으로부터 벗어나 우리를 향해 오시는 그분을 향해 우리가 행진하고 영적으로 전진하는 것입니다.

성탄절은 별을 안내자로 삼은 행진입니다. 동방박사들은 "예루살렘으로 와서 유다인의 왕으로 나신 분이 어디 계십니까? 우리는 동방에서 그분의 별을 보고 그분에게 경배하러 왔습니다"(마태오 2:2)라고 말했습니다. 동방박사들은 유난히 빛나는 별을 안내자로 삼아 조금도 주저하거나 두려워하거나 의심을 품지 않은 채 멀고 먼 그들의 나라로부터 베들레헴까지 기나긴 여행을 감수했었습니다.

그러나 우리도 역시 우리의 영적 여행을 안내하는 지극히 빛나고 찬란한 별을 갖고 있습니다. 그리고 이 별은 지상의 빛이 아닌 천상의 빛을 발하고 있습니다. 그런데 불행히도 요즈음 많은 젊은이들이 천사의 별이 아닌 지상의 별을 안내자로 삼고 있습니다. 어떤 젊은이들은 망치와 낫이 그려진 붉은 국기 위에 있는 별을 자신의 안내자로 삼고 있기도 하며 또 어떤 젊은이들은 달러나 어떤 물질적인 것을 자신의 별로 삼고 있습니다. 그러나 이것들은 조만간에 빛을 잃고 사라질 별들에 불과합니다. 그 반면에 우리의 별은 영원히 빛나는 거룩한 별입니다. 또 바로 그렇기 때문에 우리의 별은 다른 별에 비할 수 없는 맑은 광채를 발하고 있습니다. 우리의 이 별에 관해서 요한묵시록은 아주 분명하게 말하고 있습니다 : "나 예수는 …… 다윗의 뿌리에서 돋은 그의 자손이며 빛나는 샛별이다."(요한묵시록 22:16) 다윗의 진정한 자손이신 예수 그리스도께서는 빛나는 샛별이시며 영원히 지지 않는 정의의 태양이십니다.

베들레헴으로 향한 우리의 영적 행진은 우리 각자에게 아주 중요한 의미를 갖습니다. 이 행진은 단지 신속하게 이루어져야 하며 별이신 그리스도의 안내를 받아야 합니다. 그러면 이 행진이 해방의 행진이 될 것이기 때문입니다.

2) 새해

> ## "내가 너희에게 새 마음을 넣어 주며
> ## 새 기운을 불어 넣어 주리라."
> (에제키엘 36:26)

 우리 모두는 낡고 구질구질한 것에 대해 역겨움을 느끼며, 우리의 이런 감정은 아주 당연한 것입니다. 왜냐하면 이미 낡아버린 사물은 우리에게 짐스럽게 느껴지기 때문입니다. 그래서 우리는 새로운 어떤 것을 갈망하며 바라며 또 추구합니다. 우리는 새로운 사람이 되고 싶어 합니다. 외모에서도 젊어지고, 나이도 젊어지고, 꿈꾸는 것도 젊어지고, 생각하는 것도 젊어지고, 신념에 있어서도 젊어지고, 추구하는 것에서도 젊어지기를 우리는 바라는 것입니다. 그래서 사람들은 과학의 힘을 빌려 늙고 쇠약해지는 것을 극복해 보려고 갖은 애를 씁니다.

 그러나 우리의 이 같은 시도는 근본적으로 그 방향설정이 잘못되어 있습니다. 쇠퇴와 파멸이 지배하는 곳에서 우리는 새롭게 소생하려 하며, 새로워진다는 것이 내적인 문제, 다시 말해서 마음과 정신의 문제임에도 불구하고 우리는 외적인 방법을 통해 새로워지려고 하기 때문입니다.

 예언자 에제키엘은 이러한 사실을 잘 알고 있었기 때문에 위에서 언급한 말씀을 우리에게 한 것입니다. 그는 살아계신 하느님을 대신해서 우리에게 말하고 있습니다. 전능하신 주님의 약속을 우리에게 알려주고 있는 것입니다 : "너희 몸에서 돌처럼 굳은 마음을 도려내고 살처럼 부드러운 마음을 넣어 주리라." 그렇습니다. 우리가 새로워지는 비결이 바로 이것입니다. 우리를 창조하시고 만물을 지으신 하느님, 생명과 불멸의 근원이신 하느님께서 우리에게 새로운 마음과 새로운 기운을 주신다는 것입니다. 하느님께서 돌처럼 단단하게 굳어버려 사랑의 율법이 새겨질 수 없는 우리의 굳은 마음을 도려내시고, 그 대신 살처럼 부드럽고 말랑말랑해서 신성한 은총을 받아들일 수 있는 그런 마음으로 바꿔주신다는 것입니다.

우리의 조상 아담은 하느님의 명령을 거역함으로써 그의 마음이 굳어졌습니다. 이처럼 죄와 하느님의 명령에 대한 거역은 인간의 마음을 돌처럼 굳어지게 하며 소멸시키며 낡게 합니다.

새로운 아담이신 그리스도께서는 인간에게 새로운 존재, 새로운 삶, 새로운 마음을 주시기 위해 이 땅에 오셨습니다. 그리고 에제키엘의 이 예언은 그리스도께서 이 세상에 오심으로 해서 성취되었습니다. 그리스도께서는 그의 교회와 함께 우리에게 새로운 존재와 새로운 삶을 주십니다. 여기서 새롭다는 의미는 흔히 사람들이 잘못 생각하고 있듯이 시간적인 면에서 새로운 것이 아니라 그 힘과 질과 영 속에서 새롭다는 의미입니다. 시간과 공간을 초월하여 영원 속에 남을 그러한 "새로운 삶"을 그리스도께서는 우리에게 주십니다.

주님의 가르침이 "신약"이라는 이름을 갖고 있는 사실에 주의하십시다. 신약은 그를 받아들이는 사람들에게 진정한 변모를, 근본적인 쇄신을 가져다줍니다. 그래서 "신약", 즉 새로운 약속이란 이름이 붙은 것입니다.

주여, 당신께서는 우리 인간들이 낡은 마음을 도려내고 새로운 마음을 이식하는 수술을 감행하기 전에 당신께서 먼저 "너희 몸에서 돌처럼 굳은 마음을 도려내고 살처럼 부드러운 마음을 주리라"라고 예언자의 입을 통해 우리에게 약속하셨나이다. 주여, 새해에는 그런 새로운 마음을 저에게 주소서. 새해에는 당신의 사랑과 형제들의 사랑의 고동소리가 쉬지 않고 울리는 자비롭고 관대하고 용서하는 마음을 저에게 주소서.

주여, 나에게 이런 새로운 마음을 주실 분은 당신밖에 없나이다. 당신께 빌며 간구합니다 : "하느님, 깨끗한 마음을 새로 지어주시고 꿋꿋한 뜻을 새로 세워 주소서."(시편 51:10) 그때에만, 진정 그때에만 새로 다가오는 한해가 진정 새롭고 복된 한해가 될 것입니다.

"마음과 생각이 새롭게 되어"
(에페소 4:23)

 우리는 누구나 새롭게 되고 싶은 욕구를 느낍니다. 특히 새로운 한해가 시작하는 요즘 같은 연초에는 더욱 그러합니다. 두통거리와 문제만을 잔뜩 안고 있는 우리의 일상생활과 도처에서 유혹의 손길을 뻗고 있는 죄악이 우리의 영혼 속에 독소를 가뜩 뿌려놓습니다. 그래서 우리는 우리 내부를 깨끗이 청소하고 새로운 사람이 되고 싶은 필요성을 절실히 느끼게 되는 것입니다.

 바로 이런 이유로 사도 바울로께서는 "마음과 생각이 새롭게 되어"라고 우리에게 촉구하시는 것입니다. 사도께서는 우리 그리스도교인들에게 끊임없이 건전한 생각으로 두뇌를 새롭게 하고 하느님의 뜻에 따라 사는 새 사람으로 옷을 갈아입으라고 충고하시는 것입니다.

 그러면 우리 자신이 새로워지고 우리가 새 사람의 옷으로 갈아입는 이 기적이 어떻게 해야만 가능할까요?

 1) 무엇보다도 우리는 성경을 연구해야 합니다. 배고프고 목마른 사람처럼 성경의 내용에 흠뻑 빠져 몰두해야 합니다. 하느님께서 나에게 하시고자 하는 말씀이 도대체 무엇인가를 알고 싶은 열

망에 사로잡혀 성경을 읽어야 합니다. 또 어째서 열심히 일을 하는데도 어려움을 겪어야 하고 문제에 접해야 하는지 그 이유를 성경은 어떻게 설명하고 있는지를 알고 싶은 간절한 마음으로 성경을 읽어야 하는 것입니다. 부단히 많은 시간을 들여 성경을 연구하는 것이 우리에게는 필요합니다.

2) 연구와 더불어 자기비판이 뒤따라야 합니다. 자기비판, 자기집중은 다음과 같은 세 단계를 거칩니다.

(1) 휴식 : 우리가 살아가는 데는 휴식이 필요합니다. "너희는 쉬어라"라고 하신 주님의 말씀은 바로 이런 점에서 매우 중요한 의미를 갖습니다. 사실 요즈음은 생활 리듬이 너무 빨라져서 휴식의 필요성이 그 어느 때보다 더욱 커졌습니다. 그러나 이 휴식이 아무 것도 하지 않은 채, 빈둥빈둥 놀며 게으름이나 피운다는 정적인 의미로 해석되어서는 안 되며, 오히려 좀 더 나은 그 어떤 일을 시작하기 전에 잠시 중단하는 기회를 갖는다는 동적인 의미로 휴식이 풀이되어야 합니다.

(2) 세척 : 우리는 갖은 추잡함이 들끓는 세상에서 살고 있습니다. 그래서 아무리 깨끗하게 살고 싶어도 결코 이것을 이루지 못합니다. 그런 이유로 우리는 세척의 필요성을 느끼며 이 세척은 우리가 회개와 고백성사를 통해 하는 대세척의 준비작업이 됩니다.

(3) 무장 : 자기비판과 자기집중의 세 번째 단계는 우리가 앞으로 영적 투쟁을 하는 데에 꼭 필요한 힘과 요소들을 우리에게 공급해주는 가능성을 마련해줍니다.

3) 이것 이외에도 다음 두 가지의 성스러운 문제에서도 개혁이 필요합니다. 좀 더 내적이고 근본적인 쇄신을 위해 우리가 노력하지 않으면 이 두 문제들은 형식적이고 틀에 박힌 관례가 되기 쉽기 때문입니다. 다시 말해서 기도와 교회생활에서도 우리는 새로워져야 합니다. 특히 기도가 모든 것 안에 잠입해야 합니다. 우리가 살아가는 순간순간 속에 기도의 숨결이 스며야 합니다. 기도와 회개와 성찬식의 분위기 속에서 살고 있지 않은 사람은 "끊임없이 그리스도 안에서" 살았던 사도 바울로의 제자가 될 수 없습니다.

"이 시대는 악합니다. 그러니 여러분에게 주어진 기회를 잘 살리십시오."
(에페소 5:16)

또 다시 한해가 시작되었습니다. 어제 또 한해가 지나갔으며 오늘 우리는 새로운 한해를 살고 있습니다. 내일이면 이 해도 다시 지나갈 것입니다. 매 시간이 다음 시간에게 자리를 양보합니다. 1분, 2분이 흐르고, 그 다음엔 시간이, 날이, 그리고 달들이 자꾸 흘러갑니다. 시간은 끊임없이 흐릅니다. "혼돈 속을 흘러가는 시간의 강은 어느 날 어디에 도착할까?"라고 한 시인은 묻습니다. 전광처럼 흐르는 시간의 격류 속에 사람들이, 사물들이, 사건들이 모두 함께 휩쓸려 떠내려갑니다. 시간은 지워지지 않는 파괴의 자취를 곳곳에 남겨놓습니다. 바로 이 흐름 속에 우리 또한 있습니다. 성령을 받으신 사도 바울로께서도 한때 이 흐름 속에 계셨습니다. 그리고 그는 에페소인들에게 "이 시대는 악합니다. 그러니 여러분에게 주어진 기회를 잘 살리십시오"(에페소 5:16)라는 편지를 썼습니다. 다시 말해서 단 일 분이라도 헛되이 쓰지 말고 주어진 기회를 잘 이용하고 가치 있게 쓰라는 것입니다. "기회"란 적당한 시간을 의미합니다. 이구메니오스 주교는 사도 바울로의 이 구절에 대해 다음과 같이 주석을 달고 있습니다. "시간은 우리에게 불확실합니다. 우리는 왔다가 잠시 머물고 가는 뜨내기에 불과하기 때문입니다. 따라서 우리는 기회가 왔을 때 이를 꼭 잡아 우리 것으로 만들어야 합니다." 좀 더 쉽게 표현하면 우리는 이 세상에서 나그네입니다. 따라서 시간이나 기회는 우리 손에 있는 것이 아니므로 기회가 올 때마다 잘 이용하여 우리 것으로 만들어야 한다는 것입니다. 사도 바울로께서 말씀하신대로 우리 시대는 유혹과 영적인 위험이 가득한 시대이므로 주어진 기회를 잘 이용해야 하는 필요성이 그만큼 더 절실해졌습니다.

생각있는 사람이라면 시간이 귀중하다는 사실을 결코 부정하지 못할 것입니다. 더군다나 "시간은 돈이다"라는 속담은 우리 모두에게 너무도 유명합니다. 아니, 시간은 사실 돈 이상의 그 무엇입니다. 시간은 우리 인생을 짜는 피륙이며 시간은 영원 속으로 사라지는 금사슬의 고리들입니다. 매 순간 순간들이 모여 영원을 이루므로 각 순간은 귀중합니다. 마태오에 의한 복음 제25장을 생각해봅시다. 우리 인생의 시간이란 맡은 임무를 완수하라고 하느님께서 우리에게 주신 달란트입니다. 하느님께서는 "하느님의 형상과 닮으라고" 우리에게 시간을 주신 것입니다. 그러므로 우리가 시간을 낭비하고 기회가 지나가도록 내버려둔다면 우리는 죄를 짓는 것입니다. 바로 그렇기 때문에 사도 바울로께서는 우리에게 "여러분에게 주어진 기회를 잘 이용하십시오"라고 권고하십니다.

그런데 시간을 잘 포착하여 이용하는 문제에 있어서 많은 사람들이 세네카의 서글픈 말에 더 잘 어울리는 행동을 하고 있는 것은 몹시 불행한 사실입니다 : "인간들은 인생 대부분의 시간을 잘못 사용하고 있다. 우리 인간들은 대부분의 시간을 아무것도 하지 않고 보내며 그 나머지 시간마저도 해서는 안 되는 일을 하며 보낸다."

그러면 어떻게 하는 것이 시간을 잘 이용하는 것일까요? 어떻게 해야 우리는 새로 맞은 이 한 해도 기회를 잘 이용할 수 있을까요?

1) 이 문제에 대한 해답을 사도 바울로께서는 바로 그 다음 구절에서 주십니다 : "여러분은 …… 주님의 뜻이 무엇인지를 잘 아는 사람이 되십시오." 사도께서 단순히 그냥 "알라"는 단어를 쓰지 않고 "잘 알라"는 단어를 쓴 것에 주의하십시오. 다시 말해서 우리는 우리 인생의 매순간, 우리가 어디서 무엇을 하든지 간에 하느님께서 바라시는 바가 무엇인지 조심스럽게 살펴 알아내야 한다는 것입니다.

2) 매년 다가오는 새로운 해는 일종의 망루로서 우리는 그곳에 서서 과거를 돌아보고 또 미래를 내다봅니다. 그러므로 우리는 자기반성과 자기성찰을 통해 새로운 결심을 함으로써 주어진 기회를 잘 살릴 수 있습니다.

3) 악마에게는 세 거인, 즉, 무지, 망각 그리고 게으름이 있다고 고행자 성 마르코는 말합니다. 이 힘센 세 거인이 우리가 시간을 가치 있게 쓰는 것을 방해하는 적입니다. 우리는 이 세 적을 퇴치하고 물리치도록 싸워야 하며 아울러 뒤로 미루는 버릇과 부주의

도 또한 물리쳐야 합니다. 무지는 지식으로, 망각은 맑은 정신으로, 게으름은 근면으로, 우유부단은 결단으로, 부주의는 노력으로 극복해야 합니다.

지금 이 순간이 기회를 잘 살리기에 가장 적절한 순간입니다. 시간은 돈이며 우리는 돈인 이 시간으로 영원한 생명을 사거나 영원한 지옥을 사게 되는 것입니다.

3) 부활절

"하느님께서 일어나시면"
(시편 68:1)

 예언자 다윗왕은 이와 같은 말로 주님의 부활이라는 큰 사건을 예언합니다. 그리고 이 부활이 주님을 헌신적으로 믿는 자들과 주님을 믿지 않는 원수들에게 가져올 결과에 대해서도 계속해서 말합니다.

 "하느님께서 일어나시면 원수들 흩어지고 맞서던 자들 그 앞에서 달아나리라." 이 승리의 구절이 우리 영혼을 기쁨과 환희로 가득 채웁니다. 우리 교회는 부활절 성가에 이 구절을 삽입했습니다. 주님의 부활을 찬양하는 거룩한 성가에 이 구절을 승리의 서곡으로 연결시킨 것입니다. 죽음을 이기신 승리자에게 어느 누가 감히 대적하겠습니까? 사악한 악마들조차도 공포와 두려움에 사로잡히고 악마의 손아귀에서 놓아나던 불쌍한 사람들은 앞으로 당할 무서운 심판에 겁에 질려 어쩔 줄을 모릅니다. 주님을 십자가에 매달았던 이스라엘의 제사장들과 율법학자들과 바리사이파 사람들이 제일 먼저 군인들로부터 주님의 부활의 소식을 들었습니다. 그러자 공포가 그들의 마음을 뒤흔들었으며 그들의 머릿속은 혼돈되고 뒤죽박죽되어 그리스도의 부활을 감추고자 하는 어리석은 생각에 온갖 엉뚱한 얘기를 꾸며냈던 것입니다. 그러나 하느님의 분노가 그들 위에 터졌으며 그들을 흩어지게 했으며 지구 위에서 그들을 완전히 제거해버렸습니다. 역사상 최대의 범죄가 발생했던 예루살렘에는 "저 돌들의 어느 하나도 제 자리에 그대로 얹혀 있지 못하고 다 무너지고" 말았던 것입니다.(마태오 24:2) 그리스도의 적들은 모두 흩어졌으며 그들의 최후는 지극히 비참하고 끔찍했습니다. 율법학자들과 제사장 안나와 가이아파에서부터 "나사렛 그리스도여, 네가 나를 이겼도다"라는 말을 하며 전쟁터에서 숨을 거두었던 위반자 율리아노스 황제에 이르기까지, 또 신을 부정했던 볼테르에서 스탈린과 히틀러와 그 외에 수많은 무신론자들에 이르기까지 그들은 모두 비참한 최후를 맞아 이 세상에서 사라졌습니다.

이처럼 예수 그리스도의 부활이 그의 원수들에게는 불행이고 멸망이지만 그를 믿는 정의로운 사람들에게는 기쁨과 환희가 됩니다. "하느님께서 일어나시면 …… 착한 사람들은 즐겁고 흥겨워 하느님 앞에서 뛰놀며 기뻐하리라"(시편 68:3)라고 다윗왕은 찬양합니다. 주님이 부활하신 것을 두 눈으로 보고 주님의 부드러운 음성을 두 귀로 들었을 때 향로를 가져간 여인들과 주님의 제자들은 큰 기쁨과 환희와 즐거움을 느꼈습니다. 주께서 부활하신 바로 그날 저녁 그들은 "너희의 그 근심은 기쁨으로 바뀔 것이다"(요한 16:20)라고 하신 예수님의 말씀이 현실화되는 것을 직접 보았습니다. 기쁨의 찬양이 그들의 입에서 흘러나왔습니다. 이제부터는 주님의 부활을 맛본 사람들은 아무리 심한 고난을 당해도 "늘 기뻐하며"(Ⅱ고린토 6:10) 주님을 찬양하는 생활을 하게 된 것입니다. 부활의 기쁨이 언제나 그들을 동행할 것이며, 그들은 모든 사물 위에서 "하느님께서 일어나시면 …… 착한 사람들은 뛰놀며 기뻐하리라"라는 위대한 진리를 발견할 것이기 때문입니다.

러시아의 한 대도시에서 어떤 "무신론자"가 "부활한 그리스도의 신화"라는 제목으로 강연을 했습니다. 강연장은 발 딛을 틈도 없이 초만원이었으며 연사는 고상한 말씨로 훌륭한 연설을 했습니다. 강연이 끝나자 연사는 청중에게 "말씀하시고 싶은 분이 있습니까?"라고 물었습니다. 그러자 몸집이 아주 작은 한 신부가 일어나서 "두 마디만 해도 좋습니까?"라고 물었습니다. "두 마디가 아니라 얼마든지 원하시는 대로 하십시오." 연사가 대답했습니다. 그러나 신부는 강연대에 올라서면서 "아닙니다. 두 마디면 충분합니다"라고 말했습니다. 그리고 숨을 크게 들이쉬고 모든 사람을 한번 자세히 쳐다본 후에 "그리스도께서 부활하셨습니다"라고 큰소리로 외쳤습니다. 그러자 뜻밖의 일이 일어났습니다. 모여 있던 사람들이 입을 모아 천둥처럼 우렁찬 소리로 "참으로 부활하셨습니다"라고 대답한 것입니다. 놀라고 창피를 당한 무신론자는 조그만 옆문으로 강연장을 빠져나갔으며 그리스도교인들은 기쁨에 넘쳐 아직도 "참으로 부활하셨습니다"라는 소리가 울려 퍼지고 있는 강연장을 떠나기 시작했습니다.

"예수는 다시 살아나셨고 여기에는 계시지 않다."
(마르코 16:6)

아직 새벽 동이 트지 않은 시간에 경건한 세 여인이 예수의 무덤을 향해 가고 있습니다. 그들의 손에는 향료병이 꼭 쥐어져 있으며 그들의 눈에서는 눈물이 방울방울 흘러내립니다. 손에는 향로병이, 눈에는 눈물이 맺힌 세 여인이 길을 가고 있는 것입니다. 분명 향료를 지고 가는 세 여인의 눈물은 값비싼 향료보다도 더욱 값진 것이었음이 틀림없습니다. 그 여인들은 "예수의 몸에 발라 드리려고"(마르코 16:1) 향료를 샀습니다. 그리고 그들의 눈물은 주님에 대한 충성과 사랑에 넘치는 가슴 속에서 흘러나오고 있었습니다.

그녀들은 아무것도 두려워하지 않았습니다. 어두움도 군인들의 감시도 그녀들은 무서워하지 않았습니다. 주님에 대한 그들의 사랑이 두려움을 쫓아버렸기 때문입니다.

그들의 머릿속에는 오직 한 가지 걱정만이 있었습니다 : "그 무덤 입구를 막은 돌을 굴려 내줄 사람이 있을까요?"(마르코 16:3) 커다란 돌이 무덤 입구를 막고 있었습니다. 따라서 인간의 생각으로는 이 향료를 든 여인들이 그 돌을 굴리고 주 예수의 몸 가까이로 접근하는 것은 불가능했습니다.

그러나 사랑하는 사람은 기적을 믿습니다. 무덤으로 가는 오르막길을 걷는 수고도 유다인들이 나중에 자신들을 해칠지도 모른다는 공포도 그들을 막지는 못했습니다. 예수에 대한 끝이 없는 그들의 사랑과 감사하는 마음이 이 여인들로 하여금 이러한 어려운 일을 감행할 수 있게 해주었습니다.

그들은 곧 무덤에 도착했습니다. 그랬더니 놀랍게도 입구를 막고 있던 돌이 이미 치워져 있었습니다. 절망이 잠시 그들의 희망을 가린 듯 했습니다. 그러나 그들은 발길을 멈추지 않고 무덤 안까지 들어갑니다. 그리고 흰옷을 입은 한 천사를 봅니다. 천사는 부드러운 목소리로 "너희는 십자가에 달리셨던 나사렛 사람 예수를 찾고 있지만 예수는 다시 살아나셨고 여기에는 계시지 않다"(마르코 16:6)라고 말합니다. 예수께서는 부활하셨기 때문에 더 이상 무덤 속에 계시지 않다고 천사는 말한 것입니다.

우리는 당연히 그처럼 충성과 용기를 보였던 저 향료를 가져간 거룩한 여인들을, 그토록 자신들의 사랑을 훌륭하게 드러냈으며 생명의 위험을 무릅쓰고 그리스도의 몸에 향료를 발라 드리려고 했던 그 여인들을 부러워하며 그들을 칭송합니다. 그러나 이와 동시에 그 후에 그리스도의 부활을 살았고 진심으로 그리스도의 부활을 믿었던 사람들도 역시 칭송하며 축복해야 하겠습니다. 왜냐하면 모든 교인들은 향료를 가져간 그 여인들이 행했던 것과 같은 일을 해낼 능력이 있기 때문입니다. 신앙 깊은 그리스도교인은 누구나 오늘날에도 그리스도의 몸에 사랑의 향료를 발라 드릴 수 있습니다.

그러면 어떻게 이런 일이 있을 수 있을까요? 21세기를 사는 오늘날의 우리 교인들은 어떻게 우리의 사랑을 그리스도의 몸에 보일 수 있을까요? 이 질문에 대한 대답은 우리가 특히 관심을 느끼는 문제일 뿐만 아니라 동시에 그리스도교인으로서의 삶에 대한 중요한 문제이기도 합니다. 사도 바울로께서 이에 대한 해답을 주십니다 : "여러분은 다함께 그리스도의 몸을 이루고 있으며 한 사람 한 사람은 그 지체가 되어 있습니다."(Ⅰ고린토 12:27) 여러분은 그리스도의 신비한 몸의 부분들입니다.

그러므로 내가 몸의 한 부분에게 행한 일은 몸 전체에게 행한 것이 됩니다. 또한 각 부분은 다른 부분을 서로 도와야 하는데, 그 이유는 몸의 머리이신 그리스도를 돕는 것이기 때문입니다. "그리스도는 또한 당신의 몸인 교회의 머리이십니다."(골로사이 1:18)

그러므로 그리스도의 이름으로 세례를 받은 각 교인은 그리스도의 몸의 지체입니다. 주님께서도 "너희가 여기 있는 형제 중에서 가장 보잘 것 없는 사람 하나에게 해준 것이 바로 나에게 해준 것이다"(마태오 26:40)라고 분명히 말씀하셨습니다. 좀 더 쉽게 설명하면 주님께서는 우리에게 이렇게 말씀하신 것입니다.

목마른 너의 형제에게 네가 준 물은 바로 나에게 준 것이다.

절망한 형제에게 네가 던진 부드러운 미소는 바로 나에게 던진 것이다.

불행한 사람에게 네가 행한 자선은 나에게 한 것이다.

어떤 사람에게 방향제를 뿌려 주려고 네가 손을 뻗은 것은 나에게 뻗은 것이다.

병자나 감옥에 갇힌 사람을 네가 방문하는 것은 너의 주님이신 나를 방문하는 것이다.

우리는 우리의 사랑을 주님께 보이는 것이 불가능하다고 변명할 수 없습니다. 그리스도의 몸인 가장 보잘 것 없는 형제가 우리 곁에 수없이 있기 때문입니다. 우리가 원하기만 하면 우리는 우리의 사랑을 보일 수 있습니다. 향유를 가져간 여인들처럼 겸손하고 용감하게 온 마음을 바쳐 우리의 사랑을 주님께 보일 수 있습니다.

그렇게 되면 우리의 인생에 변화가 일어납니다. 그리고 그리스도의 몸을 향한 사랑의 봉사가 우리 마음을 신성한 기쁨과 행복으로 가득 채워줄 것입니다.

"무슨 일 때문에 너희는 그렇게 침통한 표정을 짓고 있느냐?"
(루가 24:17)

　부활하신 주님께서는 실망에 빠진 두 제자를 엄하게 꾸짖는 의미로 위의 말씀을 하셨습니다. 주님께서 부활하신 날 오후, 주님의 두 제자인 루가와 글레오파는 엠마오라는 동네로 가고 있었습니다. 그들은 예수의 생애가 비극적으로 끝난 것에 대해 슬퍼하면서 "우리는 그분이야말로 이스라엘을 구원해주실 분이라고 희망을 걸고 있었습니다"(루가 24:21)라고 절망한 어조로 말했습니다. 그러자 그들과 다정히 말씀을 나누시던 부활하신 주님께서는 그들의 슬퍼하는 태도를 나무라시면서 "무슨 일 때문에 너희는 그렇게 침통한 표정을 짓고 있느냐?"(루가 24:17)라고 물으셨던 것입니다.

　주님께서는 우리가 침울해 하는 것을 바라지 않으십니다. 부활하신 이후로 주님께서는 우리가 그의 부활의 기쁨 속에서 살기를 바라십니다. 왜냐하면 주님께서는 부활을 하심으로써 악마와 세상을 이기셨으며 죽음을 누르셨고 우리를 위해 하늘문을 여셨으며 우리에게 성령을 보내셨으며 또한 우리에게 새로운 부활의 살을 주셨기 때문입니다. 그래서 주님께서는 우리 마음이 항상 기쁨으로 넘쳐흐르고 우리 입술에서는 미소가 떠나지 않기를 바라십니다.

미소란 정신적인 작용입니다. 그래서 미소는 인간만이 갖는 특징입니다. 동물은 미소를 짓지 않습니다. 그리고 미소는 웃음보다는 훨씬 더 섬세하고 영적인 것입니다. "미소란 영적인 빛을 가슴 속에 가득 느끼는 사람만이 가질 수 있는 크나큰 장점으로서, 미소는 마음의 균형과 착한 양심에서 나오는 것이며 또한 주위 세상과 잘 조화를 이루는 인간의 확신과 고상하고 높은 인격에서 우러나오는 것입니다. 미소란 인간의 내적 균형의 결실이며 주위 세상에 대한 사랑과 온유함의 표현입니다"라고 치로풀로스 성인은 말합니다.

우리 주위를 바쁘게 움직이는 사람들을 잘 관찰해보면 그들은 한결같이 침울한 표정을 짓고 있음을 알 수 있습니다. 많은 사람들은 아예 미소 짓는 것을 중단한 채 불안과 고통스러운 고독 속에 살고 있습니다. 어떤 사람들은 아주 괴상한 미소를 짓거나 불경한 미소를 띠기도 하며 때로는 억지 미소를 짓는 사람도 있습니다. 그러나 이런 것들은 진정한 미소라고 볼 수 없습니다. 가식과 위선 그리고 정신적인 붕괴에서 나온 미소이기 때문입니다.

그러나 진정한 미소는 얼마나 아름답고 다정하게 느껴집니까! 기쁨을 사방에 퍼뜨리는 어린아이의 천진난만한 미소, 힘이 있고 낙천주의적인 성인의 미소, 평화와 희망과 내적 평온을 보여주는 노인의 미소! …… 어머니와 아버지의 미소, 선생님의 미소, 간호

사 언니의 미소, 신부님의 미소는 얼마나 큰 축복이며 우리에게 큰 용기를 불어넣어 주는지요!

용감하고 영웅적인 사람만이 위험 앞에서 그리고 어려움 앞에서 웃을 수 있습니다. "보병들은 입술에 미소를 띤 채 앞으로 전진한다"라는 1940년대 노래 가사가 있습니다. 바로 그랬기 때문에 그들은 전투에서 승리했으며, 마음속에는 그리스도에 대한 신앙이 그리고 입술에는 미소가 있었기 때문에 그들은 승리할 수 있었습니다. "온갖 즐거움으로 당신의 영혼을 채우십시오"라고 테오도리토스는 말합니다.

자, 슬픈 얼굴, 슬픈 미소를 멀리 날려 버립시다. 그리고 그리스도의 사랑이 가득 찬 마음에서 우러나오는 희망의 미소를 지읍시다. 진정한 미소는 부활하신 우리 주님의 승리를 우리가 믿을 때에만 나온다는 사실을 잊어서는 안 되겠습니다.

"너희에게 평화가 있기를"
(요한 20:21)

그 일요일 저녁 "너희에게 평화가 있기를"라고 말씀하시는 부활하신 주님의 부드럽고 다정한 음성이 들렸습니다. 그런데 주님께서는 이 기원을 한 번만 하신 것이 아니라 사랑하는 제자들에게 당신의 손과 옆구리를 보여주신 후 다시 같은 기원을 반복하셨습니다 : "예수께서 다시 말씀하셨다. 너희에게 평화가 있기를."(요한 20:21)

예수께서 부활하신 후 당신의 제자들에게 하신 첫 번째 말씀이 "너희에게 평화가 있기를"인 것이 퍽이나 인상적입니다. 그것도 같은 기원을 두 번이나 하셨습니다. 무엇 때문에 그렇게 하셨을까요? 주님께서는 그 무엇보다도 자신의 죽음 후에 당황하고 있는 제자들에게 평화가 깃들기를 바라셨습니다. 그리고 이 평화가 안정되고 효과적으로 영원히 지속되기를 바라셨던 것입니다.

오늘날의 우리들 또한 이 평화의 선물을 필요로 합니다. 평화는 우리 모두에게 필수조건입니다. 우리 육체에 빵과 물과 공기가 필요한 것처럼 우리 영혼에게는 평화가 필요한 것입니다.

그렇다면 평화의 깊은 의미는 무엇이며 우리는 어떻게 이 평화를 얻을 수 있을까요? 예수께서 "너희에게 평화가 있기를"이라고 말씀하신 것은 단순한 인사말이 아니었습니다. 그건 어떤 중요한 의미가 있는 말씀이었습니다. 그건 천상의 축복이었습니다. 그리고 그 자리에 있던 열한 명의 제자들뿐만 아니라 전 세대에 걸친 모든 제자들에게 내리신 특별한 선물이었습니다. 골고다에서의 크나큰 희생과 십자가의 은혜와 부활의 힘으로 그리스도께서는 인간의 영혼에 진정한 평화를 제공하셨습니다.

1) 인간이 하느님과의 평화로운 관계를 회복합니다. "우리는 …… 우리 주 예수 그리스도를 통해서 하느님과의 평화를 누리게 되었습니다"(로마서 5:1)라고 사도 바울로께서는 로마인들에게 보낸 편지에서 쓰고 있습니다. 그리스도의 죽음이 인간과 하느님 사이에 존재하던 적개심을 깨뜨린 것입니다.

2) 주 예수의 희생은 또한 우리를 우리 자신으로부터 해방시킵니다. 우리를 하느님과 화해시킬 뿐만 아니라 우리를 우리 자신과 화해시킵니다. 주님의 희생은 우리의 양심을 죽음의 행적으로부터 깨끗이 씻어주기 때문에 우리가 우리 자신과의 평화를 가질 수 있게 해줍니다.

3) 주님은 또 우리가 다른 사람들과 평화를 갖게 해줍니다. 주님의 피가 우리를 형제로 만들기 때문입니다. 주님의 피를 마신 나는 다른 사람을 못살게 하지도 미워하지도 않습니다. 오히려 나는 주님이 바라시기 때문에 원수까지도 사랑합니다.

불행히도 오늘날 많은 사람들이 진정제나 신경안정제를 사용해서 평온을 찾으려 하고 있습니다. 또 어떤 사람들은 심리학적인 방법으로, 그리고 많은 사람들이 여행이라든지 인간이 생각해낼 수 있는 갖가지 방법으로 평온을 찾으려 합니다. 그러나 이 모두가 헛된 노력입니다. 그렇게 해서는 평온도 행복도 발견할 수 없는 것입니다. 왜냐하면 평온이란 화학물질의 반응결과로 나타나거나 심리적인 방법의 결과가 아니라 깨끗한 양심과 성스러운 피로 해방된 결과로 나타나며 또 그리스도께서 우리 안에 머무르실 때만이 얻어질 수 있기 때문입니다. 어린아이가 어머니 품에 안기면 울다가도 조용해지듯이 주님께서 우리 마음속에 머무실 때만이 우리 영혼은 고요해지고 평안해집니다. 형제 여러분, "그리스도야말로 우리의 평화이십니다."(에페소 2:14)

"내가 바라는 것은 그리스도를 알고 그리스도의 부활의 능력을 깨닫고"

(필립비 3:10)

우리 주님의 부활은 평범한 어떤 역사적인 사건이 아닙니다. 이는 인류 역사상에 발생했던 모든 사건 중에서 가장 독특한 사건입니다. 왜냐하면 우리 신앙은 바로 부활이라는 이 위대한 사건 위에 그 기반을 두고 있기 때문입니다. 그리하여 부활은 각 교인에게는 크나큰 영적인 힘이 끊임없이 솟아나오는 근원이 됩니다.

사도 바울로께서는 주님의 부활과 그 부활에서 나오는 힘에 놀란 나머지 개인적인 경험을 통해서 직접 주님을 알고 그리스도의 부활의 놀라운 능력을 알고자 합니다 : "내가 바라는 것은 그리스도를 알고 그리스도의 부활의 능력을 깨닫고"

1) "그리스도를 알고" : 무지란 무서운 죄악입니다. 사도 바울로께서는 이 무지의 대표적인 예였습니다. 본인 자신도 이렇게 고백합니다 : "나는 하느님의 교회를 몹시 박해하였습니다. 아니 아주 없애버리려고까지 하였습니다."(갈라디아 1:13) 사도 바울로께서는 또한 이렇게 덧붙여 말합니다 : "그러나 그것은 내가 믿지 않았을 때에 모르고 한 일이었기 때문에 하느님께서 나를 자비롭게 대해

주셨습니다."(I 디모테오 1:13) 그러므로 하느님을 아는 것, 이론으로가 아니라 실제적이고 경험적으로 아는 것이 우리에게 크나큰 은혜입니다. 하느님을 알려고 노력하는 것, 주 예수와 친분관계를 맺는 것이 우리의 가장 우선적이고 기본적인 관심사가 되어야 합니다.

그러나 우리가 예수 그리스도를 알려는 노력에 전념하기 위해서는 상당한 자기희생이 필요합니다. 주님을 알려는 것이 우리 생활의 최대의 관심사가 되어야 하는데, 그렇게 하기 위해서는 우리 자신을 돌보는 일이 제일의 관심사가 되어서는 안 되기 때문입니다. 예수로부터 예수 자신에 대해 배우는 것이 우리가 우리 자신에 대해 배우는 것보다 더 귀중하게 우리에게는 느껴져야 하고 또 그렇게 하는 것을 우리가 열렬히 바라야 합니다. 우리가 주님을 알게 되면 주님께서는 우리 자신의 상태나 위치를 우리가 자동적으로 또 직접적으로 인식할 수 있도록 도와주십니다. 그리고 주님의 모습에서 우리가 변모할 수 있는 가능성과 힘이 나오는 것입니다.

2) "그리스도의 부활의 능력을 깨닫고" : 우주를 지배하고 물질세계에 균형을 이루도록 하는 신비스러운 인력에 대해 천문학자들은 얘기합니다. 그들은 또한 지구까지 도달하는 놀라운 태양광선과 다른 천체의 광선에 대해서도 말합니다. 그리고 우리는 이 인력과 태양광선과 다른 천체광선의 속성에 대해서도 알고 있으며 그들의 작용방법에 대해서도 알고 있습니다. 그러나 예수의 부활에서 나오는 힘에 대해 잘 알고 있는 사람이 과연 누가 있을까

요? 누가 과연 주님의 부활의 능력이 모든 영적 세상에 어떤 영향을 끼쳤으며 또 어떤 영향을 지금도 주고 있는지 알고 있을까요? 혹시 성인들의 기적과 성모님의 기적은 기적 중의 기적인 주님의 부활이 먼저 선행했기 때문에 가능하지 않았을까요?

  형제 여러분, 주님의 부활이 모든 기적, 즉 성모님과 성인들의 중보로 일어났던 온갖 기적의 전제조건이었습니다. 오순절의 기적, 우리 교회의 순교사에서 일어났던 많은 기적뿐만 아니라 티노스와 에기나 섬과 그 밖의 성지에서 지금도 일어나고 있는 현대판 기적들도 다 주님의 부활의 기적이 있었기 때문에 가능한 것입니다. 그리고 이런 기적들은 개인주의가 범람하는 오늘날에 있어서도 부활하신 주님의 초능력은 과학의 힘이나 핵에너지의 힘에 비교할 수 없이 강하다는 것을 증명해줍니다.

> "예수 그리스도를 기억하십시오.
> 그분은 다윗의 후손이며 죽은 자들 가운데서
> 다시 살아나신 분입니다."
> (II디모테오 2:8)

"선한 투쟁"의 경험 많은 장군이신 사도 바울로께서는 인생의 황혼기에 접어들었습니다. 로마에 있는 습기 차고 황량한 자신의 처소에서 사도께서는 온 힘을 모아 디모테오에게 두 번째 보내는 편지를 씁니다. 디오테오에게 "속히" 오도록 힘쓰라고 부탁하면서 사도께서는 그에게 죽은 자 가운데서 살아나신 예수 그리스도를 기억하라고 강력히 말씀하십니다. "죽은 자들 가운데서 다시 살아나신 예수 그리스도를 기억하시오." 사도의 이 뜻깊은 말씀을 좀 더 자세히 살펴보기로 합시다.

"기억하시오.": 사도께서는 기억하라고, 기억력을 행사하라고 명령하십니다. 기억이라고 불리는 두뇌작용은 굉장한 것입니다. 만일 인간에게 이 기억이라는 힘이 없다면 우리가 지식을 획득하는 것이 불가능하며 심지어는 사고 그 자체도 불가능할 것입니다. 이처럼 기억이란 영적 활동을 하는 데도 필요하지만 일상생활을 살아가는 데도 반드시 필요합니다. 기억이란 하느님이 주신 큰 선물로서 우리가 영적으로 투쟁하는 데뿐만 아니라 하느님과 개인적인 관계를 맺는 데도 반드시 필요합니다. 천상의 아버지께서 우리의 구원을 위해 어떤 일을 하셨는가를 기억하는 것은 우리에게 이로울 뿐만 아니라 필요하기도 하기 때문입니다. 게다가 이 모든 것 이외에 예수 그리스도라는 분을 기억하는 것은 더욱 필요합니다.

"예수 그리스도를 기억하시오." : 성삼위의 두 번째 모습이시며 하느님의 아들이시며 또 동정녀의 아들이 되셨던 예수 그리스도를 우리는 기억해야 합니다. 그 분은 전대미문의 기적을 행하셨으며 가장 완전한 가르침을 인간들에게 가르치셨으며 우리 죄를 사하시기 위해 십자가에 매달리셨습니다. 그리고 자신의 십자가와 삼 일 후에 영광의 부활을 하심으로써 세상을 구원하셨습니다. 그렇기 때문에 우리는 그분을 기억하여야 합니다.

"죽은 자들 가운데서 살아나신 예수 그리스도를 기억하시오." : 사도 바울로께서는 디모테오와 우리 모두에게 죽음을 누르시고 영광스러운 부활을 하신 주 예수 그리스도를 기억하라고 촉구합니다. 자주 그리스도의 거룩하신 모습을 생각하는 방향으로 기억력을 행사하며 언제 어디서나 예수를 기억하며 호흡작용을 하듯 자연스럽게 그리스도를 우리 생각의 중심으로 모셔야 한다고 말하는 것입니다.

신학자 그레고리오스 성인도 또한 그리스도에 대한 우리의 사랑을 강조하십니다 : "호흡하는 것보다도 하느님을 기억하고 생각하는 것이 우리에게는 더욱 필요합니다."

그러나 어떻게 하면 이런 일이 가능하겠습니까? 형제 여러분, 이러한 기적은 하느님의 신성한 사랑으로만 가능하게 됩니다. 하느님에 대한 사랑을 우리 마음속에 획득하게 될 때 또 우리가 그리스도를 세상의 그 어느 것보다도 더욱 사랑하게 될 때에는 이런 일이 가능하게 됩니다. 니코디모스 성인도 이렇게 쓰고 있습니다 : "에집트나 리비아나 기타 다른 지역의 산이나 동굴에서 거주했던 성인이나 금욕자들만이 이 예수라는 이름을 마음속에 간직하고 연구했던 것이 아니라 속세에 살고 있는 평범한 평신도들도 역시 예수의 이름을 가슴 속에 간직하고 매순간 그 이름을 생각하며 또 그 이름에 그들의 호흡은 부착되어 있었으며 그 이름으로 그들은 사악한 생각들과 마귀들을 쫓았던 것입니다. …… 그런데 형제 여러분, 여러분들은 언제 그 다정한 이름을 생각해보려고 노력했으며 언제 여러분들도 머리를 깨끗하게 정리하고 그 이름만을 연구한 적이 있습니까? 언제 여러분들은 그 이름을 사랑하여 그 이름을 기쁨과 위안으로 삼았습니까?"

니코디모스 성인의 이 질문들은 우리로 하여금 자기반성을 하도록 유도합니다. 형제 여러분, 부활하신 영광의 주님을 사랑하십시오. 예수의 생애를 연구하고 부활 후에 10번이나 인간들에게 나타나신 사실을 기억하십시오. 그때에는 여러분의 가슴과 생각이 신성한 하늘의 빛으로 가득찰 것입니다. 그때에 여러분들은 여러분의 영혼 속에 부활하신 그리스도의 임재와 함께 진정 행복하게 될 것입니다.